乡村产业空间发展丛书

乡村休闲旅游产业创新研究与实践

耿红莉 著

中国建材工业出版社

图书在版编目（CIP）数据

乡村休闲旅游产业创新研究与实践/耿红莉著．--北京：中国建材工业出版社，2023.8
（乡村产业空间发展丛书）
ISBN 978-7-5160-3758-4

Ⅰ．①乡… Ⅱ．①耿… Ⅲ．①乡村旅游—休闲旅游—研究—中国 Ⅳ．①F592.3

中国国家版本馆 CIP 数据核字（2023）第 099701 号

乡村休闲旅游产业创新研究与实践
XIANGCUN XIUXIAN LÜYOU CHANYE CHUANGXIN YANJIU YU SHIJIAN
耿红莉 著

出版发行：中国建材工业出版社
地　　址：北京市海淀区三里河路 11 号
邮　　编：100831
经　　销：全国各地新华书店
印　　刷：北京印刷集团有限责任公司
开　　本：787mm×1092mm　1/16
印　　张：8.25
字　　数：180 千字
版　　次：2023 年 8 月第 1 版
印　　次：2023 年 8 月第 1 次
定　　价：49.80 元

本社网址：www.jccbs.com，微信公众号：zgjcgycbs
请选用正版图书，采购、销售盗版图书属违法行为
版权专有，盗版必究。本社法律顾问：北京天驰君泰律师事务所，张杰律师
举报信箱：zhangjie@tiantailaw.com　举报电话：(010)57811389
本书如有印装质量问题，由我社市场营销部负责调换，联系电话：(010)57811387

前 言

城市之外，乡村始终为人们保留着人间烟火和乡土气息，让人向往与留恋，"乡村旅游"应运而生。如今，我国乡村休闲旅游产业经过淬炼与沉淀，焕发出更加蓬勃的生机，无论是从思维到运营，从产品到服务，还是从营销到玩法，无不以一种鲜活的姿态迎接着新时代的春天。

创新，顾名思义就是改进或创造新事物，通过重新配置资源和改进技术，实现价值增值的一种手段。创新是一种人的创造性实践行为，是个人自我意识发展、成就幸福的重要能力。从经济学角度来讲，创新是企业发展和创业精神的核心要素。从更高维度来看，创新是一个民族进步的灵魂，是国家兴旺发达的不竭动力，是推动人类社会发展的核心动力。

我国乡村休闲旅游产业作为农村一二三产业融合发展的新业态，在实践过程中，通过汲取新理论、新理念、新技术、新方法，不断赋予自身发展的新动能。近年来，我国乡村休闲旅游产业进入提质升级的新阶段，涌现出诸如以村集体为主导的乡村休闲旅游组织模式创新——袁家村；以高科技元素打造的乡村休闲旅游产品创新——沉浸式体验；以直播平台为载体同步呈现的营销创新——直播营销；以学历教育和科技帮扶项目为依托的乡村休闲旅游人才培养创新——高素质农民学历提升工程及科技小院等典型案例。这些创新实践推动着我国乡村休闲旅游产业不断升级，成为乡村产业振兴的风向标。

本书从创新的视角，首先对国内外乡村休闲旅游产业的发展进行梳理和分析，提出创新研究的意义；其次从乡村休闲旅游产业的组织模式、产品开发、营销推广、人才培养等方面，以相应的理论及理念为支撑，对近些年出现的新的产业组织模式、产品设计方法及类型、营销渠道及手段、人才培养方式等进行详细论述和剖析；最后做出总结和展望。希望本书能让相关行业读者对我国乡村休闲旅游产业的创新实践有一个较全面的认识，也为乡村休闲旅游行业的高质量发展提供一些借鉴。

本书的出版基于全国商科教育科研"十四五"规划2022年度课题（SKJYKT-220620）、北京农业职业学院2022年度科研项目（科技小院项目）（XY-KJ-22-09）、北京农业职业学院2022年度科研项目（人文社科项目）（XY-SK-22-01）的研究成果，是笔者多年来从事乡村休闲旅游领域研究、实践的系统阐述和思考，不妥之处敬请指正。本书在编写过程中参考了相关研究成果和资料，在此对相应作者表示诚挚的谢意。

耿红莉
2023年4月

目 录

第一章 乡村休闲旅游发展及创新研究的意义 ……… 001
  一、乡村休闲旅游的发展历程 ……… 001
  二、我国乡村休闲旅游发展的现状、措施与瓶颈 ……… 002
  三、新时期我国乡村休闲旅游产业创新研究的意义 ……… 005

第二章 乡村休闲旅游产业组织模式创新 ……… 006
  一、产业组织模式创新的理论 ……… 006
  二、乡村休闲旅游产业组织模式的主要参与者 ……… 009
  三、我国目前主要的乡村休闲旅游产业组织模式及优化措施 ……… 010
  四、我国乡村休闲旅游创新发展中的政府引导 ……… 024

第三章 乡村休闲旅游产品创新 ……… 029
  一、乡村休闲旅游产品创新的理论 ……… 029
  二、乡村休闲旅游产品创意设计 ……… 032
  三、乡村休闲旅游产品体验设计 ……… 037
  四、乡村休闲旅游节庆设计 ……… 046
  五、共享农园的运营 ……… 057

第四章 乡村休闲旅游营销创新 ……… 063
  一、营销创新的理念 ……… 063
  二、营销内容的创新 ……… 064
  三、营销渠道的创新 ……… 069
  四、营销手段的创新 ……… 071

第五章 乡村休闲旅游人才培养创新 ……… 088
  一、加强我国乡村休闲旅游人才培养的重要性 ……… 088

  二、我国乡村休闲旅游的人才现状 ·· 089
  三、我国乡村休闲旅游人才培养的类型及途径 ······························· 090
  四、乡村休闲旅游人才培养的创新实践 ·· 092

第六章 总结与展望 ·· 098

附录 ··· 101
  附录 A 我国乡村休闲旅游政策大事概览 ·································· 101
  附录 B 2022 年全国休闲农业重点县名单 ·································· 111
  附录 C 2022 年中国美丽休闲乡村名单 ····································· 113
  附录 D 2022 年中国农民丰收节 100 个节庆活动名单 ··················· 121
  附录 E 高素质农民乡村休闲旅游人才培养调查问卷 ···················· 124

参考文献 ··· 125

第一章　乡村休闲旅游发展及创新研究的意义

一、乡村休闲旅游的发展历程

乡村休闲旅游是在乡村地区开展的，以农业生产、农民生活、农村生态为资源基础，经过科学规划和设计，满足游客观光、休闲、体验、健身、娱乐、购物、度假等需求的新型旅游形式。

乡村休闲旅游在国外发展历史悠久。19世纪中叶，欧洲城市化和工业化的发展给社会带来经济发展的同时，也带来环境污染等负面影响，城市居民向往田园生活的愿望越来越强烈。尤其是工业革命以后，旅游方式更加多样，人们观光和度假的旅游地点开始转向农村地区。1865年，意大利成立了"农业与旅游全国协会"，标志着现代乡村休闲旅游正式诞生。20世纪60年代初，西班牙率先把一些古城堡或农场原有的房屋改造成旅馆，用于接待来乡村休闲旅游的游客。随后乡村休闲旅游在美国、波兰、日本、荷兰、澳大利亚、新加坡等国家得到倡导和大力发展，成为一项新的旅游产业。20世纪80年代，随着人们休闲、度假、旅游需求的日益增大，观光农业园由单纯的观光性质向休闲、度假、体验、教育等多功能扩展，出现观光采摘园、休闲农场、度假农庄、市民农园、教育农园等多种形态。20世纪90年代，一些国家推出乡村文化旅游，将农耕文化融入观光农业，提高了乡村休闲旅游的文化内涵和品位。21世纪以来，随着农业多功能的拓展，乡村休闲旅游业成为世界现代农业的重要组成部分，并且随着社会的发展，呈现出不同的发展模式。

我国的乡村休闲旅游可以追溯至先民的踏青习俗。"春游"一词的最早记载见于《管子·小问》中的"桓公放春三月观于野"，记录了齐桓公到郊野农村娱乐身心、享受明媚春光的情况。我国现代意义上的乡村休闲旅游一般认为兴起于20世纪80年代，大致可划分为四个阶段。

（一）萌芽阶段（1980—1989年）

改革开放以后，我国乡村休闲旅游开始兴起。主要是少数靠近城市和景区的农村依托特有的旅游资源，自发地开展了形式多样的农业观光旅游及农业节庆活动等。例如，深圳市为了招商引资，先是举办荔枝节，随后又开办采摘园，取得了较好的经济效益和社会效益。20世纪80年代中期，成都"徐家大院"的建立标志着"农家乐"旅游模式拉开了乡村休闲旅游的序幕。这是我国乡村休闲旅游的最初阶段，主要是为到乡村游玩的城市居民提供简单的食宿、观光和游乐，具有自发性的特点。

（二）初步发展阶段（1990—1999年）

20世纪90年代以后，我国城市化步伐加快、居民收入逐步提高。为了适应城市居民进一步观光、休闲、旅游的需求，大城市周边的一些农村或农户利用当地的农业资源环境和特色农产品，开办了以观光为主的观光休闲农业园和民俗户，开展了采摘、垂钓、种菜、野餐等多种休闲旅游活动。同时，"农家乐"的发展水平得到很大提升。

（三）快速发展阶段（2000—2009年）

进入21世纪以后，人们的生活水平由温饱逐步转向小康。在这个阶段，以大型休闲农业观光园、现代农业科技示范园和休闲农庄为主的乡村休闲旅游产业发展迅速，呈现出投资主体多元化、企业经营产业化、休闲功能专业化的态势。地方政府或农业部门加强了规范管理，积极推动标准制定和制度建设，引导产业健康发展。

（四）转型升级阶段（2010年至今）

2010年，我国人均GDP超过4600美元，居民的休闲、度假、旅游需求日趋强烈。随着乡村休闲旅游产业经营者素质的提高，经营管理的进一步规范，特色产业集群正在逐渐形成。政府部门出台了《全国休闲农业"十二五"规划》，2015年以后，连续几个"中央一号文件"都对乡村休闲旅游作出了部署，特别是党的十九大报告提出实施乡村振兴战略以来，各地发掘农业多种功能和乡村多重价值，积极推动乡村休闲旅游转型升级。

二、我国乡村休闲旅游发展的现状、措施与瓶颈

（一）乡村休闲旅游发展的现状

近年来，在我国政府相关部门的政策引导下，乡村休闲旅游蓬勃发展，市场规模不断扩大，已成为我国旅游消费中发展最快、潜力最大、带动性最强、受益面最广的领域之一。2019年，我国乡村休闲旅游业接待游客33亿人次，营业收入超过8500亿元。在2020—2022年的三年里，由于新冠疫情原因，我国旅游业受到较大冲击，相比其他旅游方式，新冠疫情期间大部分居民在出游距离受到一定限制的情况下选择周边游和本地游。乡村休闲旅游成为新冠疫情背景下许多城市消费者的休闲方式，特别是乡村民宿受到市场追捧。途家数据显示，2022年"五一"期间，乡村民宿预订量首次超过城市

民宿预订量；整体上，乡村、郊区独栋别墅的订单量，比新冠疫情前增加50%～80%。

另外，为满足新冠疫情期间消费者的休闲需求，三年来，我国乡村休闲旅游产业不断提升经营管理水平及服务质量，全面优化供给侧结构，精准发力，使游客对乡村休闲旅游的满意度得到大幅度提升。《乡村旅游绿皮书：中国乡村旅游发展报告（2022）》课题组的调查结果显示，2021年全年我国乡村休闲旅游满意度总体保持在较高水平，近七成游客对自己的乡村休闲旅游经历感到满意。随着《扩大内需战略规划纲要（2022—2035年）》的发布，如何更好地把握扩大内需的市场机遇成为行业能否向上生长的关键。

近年来，我国乡村休闲旅游的经营主体呈现多元化特征，初步形成家庭经营、合作经营、集体经营、企业经营等多种经营方式，涵盖观光、休闲、康养、民宿、研学、露营等产品体系，促进了生态养殖、民俗展演、直播带货、特色种植等业态发展，并在促进乡村振兴方面发挥了重要作用。2021年全国休闲农庄、观光农园等各类休闲农业经营主体达到30多万家，年度营业收入超7000亿元。乡村休闲旅游产业提高了农民的经济收入，促进了乡村基础设施建设，改善了人居环境，弘扬了乡村文明，加快了农村一二三产业融合的步伐，在中国美丽乡村建设中扮演了重要角色。

（二）近年来推动我国乡村休闲旅游发展的措施

乡村振兴战略实施以来，我国乡村休闲旅游产业作为乡村产业振兴的重要抓手，已成为横跨一二三产业、兼容生产生活生态、融通城乡工农的新兴产业形态。具体采取了以下措施：

一是促进乡村休闲旅游政策的落实。2017年以来，有关乡村休闲旅游的政策主要涉及用地、金融、财税等方面，政府部门加大了对各项政策的宣传和落实力度，各地充分利用政策利好，开展培训、宣讲、项目库建设、项目申报等，为产业升级创造了良好的政策环境。尤其是2018年在全国开展了大棚房问题专项清理整治行动后，为加快乡村休闲旅游业全面恢复和持续发展，实现乡村产业高质量发展，2020年7月农业农村部印发了《全国乡村产业发展规划（2020—2025年）》，其中，明确将优化乡村休闲旅游业列为六项乡村产业发展的重点任务之一。2020年9月17日，农业农村部、文化和旅游部召开了全国休闲农业和乡村旅游大会，会上提出要着力促进乡村休闲旅游业转型升级，实现更高层次、更高水平发展，尽快打造成超万亿元的大产业。在政策的加持下，我国乡村休闲旅游业稳步发展，深入实施休闲农业和乡村旅游精品工程，建设了一批休闲农业精品景点，推介了1000多条精品线路。

二是强化规范管理和人才培养。制定及修订一系列的技术规程和服务标准，提升产业的标准化和行业的规范化。截至2020年，我国在乡村休闲旅游领域从国家、行业、地方层面分别制定及实施了18项、10项、120项标准，其中，安徽省出台的标准数量最多（17项），其次是北京市（12项）和四川省（10项）。建立的标准体系现已涵盖9

种业态、11 项功能和 8 个关键点，包括基础标准、通用标准和专业标准三个层面。乡村振兴，关键在于人才。2018 年农业农村部等部门联合发布的《关于大力发展休闲农业的指导意见》中提出：要依托职业院校、行业协会和产业基地，分类、分层开展休闲农业管理和服务人员培训，提高从业人员的素质。我国目前正通过全日制教育、继续教育及短期培训等方式，全面加大乡村休闲旅游人才的培养力度。

三是挖掘乡村文化，完善配套设施。党的十八大以来，党中央高度重视农业遗产、乡村历史等农耕文化的保护传承和创新发展工作。2018 年"中央一号文件"《中共中央国务院关于实施乡村振兴战略的意见》要求：切实保护好优秀农耕文化遗产，推动优秀农耕文化遗产合理适度利用，并进行了系统部署和工作安排。各有关部门按照中央要求大力开展农业遗产和乡村历史文化的评估普查，并在此基础上加强保护传承和创新利用。各地通过开发乡村休闲旅游、手工艺制作等活化利用文化资源，提升传统村落可持续发展能力。在加强传统农业文化保护的基础上，实施文化创新创意项目，开发观光休闲、科普教育、文化体验等新业态，宣传具有农业文化遗产特色的休闲旅游精品路线，突出农趣、农味，举办乡村舞龙舞狮大赛、水果采摘邀请赛、赛羊等文化体育品牌活动，有效地带动遗产地产业融合发展和农民增收。除此之外，整合相关项目，充分融合各方面资金，加大改造提升乡村休闲旅游的乡村道路、停车场、用水用电、厕所、污水垃圾处理等，建设配套相关设施，为乡村休闲旅游打造良好的经营环境。近年来，我国累计建设了 5 万多个具有地方特色的美丽乡村，我国乡村休闲旅游产业发展驶入快车道，游客年均增长 20% 左右，为农业增效、农民增收、农村发展做出了积极贡献。

（三）乡村休闲旅游产业发展的瓶颈

虽然我国乡村休闲旅游发展历史悠久，近些年取得了令人瞩目的成效，但是仍然存在以下发展瓶颈：

一是乡村休闲旅游的参与主体积极性不够。乡村休闲旅游产业是农村一二三产业融合的新业态，农户、农民专业合作社、村集体、政府部门、企业等不同利益主体参与其中，形成了不同利益主体构成的模式。特别是农民作为乡村休闲旅游开发的主体，应该成为最大的受益者。但从目前来看，很多地方农民参与乡村休闲旅游开发和经营的积极性还没有被充分调动起来，由此可见，创新开发和运营模式尤为必要。

二是乡村休闲旅游产品同质化现象严重。乡村休闲旅游产品是乡村休闲旅游的重要旅游吸引物，然而，目前仍有许多地方乡村休闲旅游的纪念品、小吃、服装、工艺品相差无几，失去了本地乡土特色和传统乡村风貌，举办的节庆活动文化底蕴不足、体验感较差，现代农业的特征不鲜明等，需要加大创新力度。

三是乡村休闲旅游的营销缺乏创意和创新。我国乡村休闲旅游的营销推广手段多数比较单一，有的还依赖传统的自然人际传播。近年来，随着互联网的普及，虽然营销推广方式有了新的尝试，但效果并不显著。因此，乡村休闲旅游需要在规范管理的基础上提升现代营销意识，融入文创思维和科技手段。

四是乡村休闲旅游的专业人才不足。与我国发展迅速的乡村休闲旅游产业态势相比，乡村休闲旅游在规划、运营及营销等方面严重缺乏专业人才，特别是本地化人才匮乏。由于各种因素的影响，一些乡村休闲旅游的经营主体聘用的是外地管理和服务人员，不但增加了管理成本，而且不利于当地农村劳动力就业，甚至会影响乡村休闲旅游对乡村振兴战略的助推作用。

三、新时期我国乡村休闲旅游产业创新研究的意义

在我国全面推进乡村振兴的背景下，破解以上发展瓶颈，创新发展乡村休闲旅游迫在眉睫。研究的意义在于：

一是创新乡村休闲旅游产业组织模式，可以调动各利益主体参与的积极性。对近些年出现的乡村休闲旅游产业组织模式进行分析，在此基础上提出优化措施，因地制宜，兼顾各个主体的利益，激发农民参与乡村休闲旅游规划、经营与服务的积极性，充分保障其权益及利益。

二是创新乡村休闲旅游产品体系，可以增加乡村休闲旅游目的地的吸引力。产品是乡村休闲旅游高质量发展的核心要素。通过设计乡村休闲旅游伴手礼、组织深度的乡村体验活动、打造丰富的乡村节庆、参与经营现代共享农园等，创新乡村休闲旅游产品体系，增加乡村休闲旅游目的地的吸引力。

三是创新乡村休闲旅游营销方式，可以扩大乡村休闲旅游的影响力。利用互联网优势，从营销内容、营销渠道、营销手段等方面创新乡村休闲旅游营销方式，解读微信、QQ等新兴网络平台的宣传推广机制，扩大乡村休闲旅游的影响力。

四是创新乡村休闲旅游人才培育机制，可以提升服务质量和规范化运作。通过分析不同的乡村休闲旅游人才培养模式，形成完善的培育体系。特别是面向农村基层的高素质农民、休闲农业园区负责人、新农人等人员进行的系统、专业培养模式，可以为乡村休闲旅游建立可持续性的人才输入机制，继而从经营理念、运营管理、服务意识、操作技能等方面全面提升我国乡村休闲旅游的服务质量和水平。

第二章　乡村休闲旅游产业组织模式创新

乡村休闲旅游产业的组织模式，是乡村休闲旅游产业内经济实体间关系构成的统称，是指提供乡村休闲旅游产品和服务的个体或者企业之间的竞争、分工与合作关系的具体表现形式。乡村休闲旅游产业组织内部涉及的主要参与者包括提供乡村休闲旅游产品和服务的企业、村民以及农村基层组织等。除此之外，当地政府会对产业组织内部有一定的影响。

一、产业组织模式创新的理论

（一）可持续发展理论

根据1987年世界环境与发展委员会在《我们共同的未来》报告中提出的主题思想，可持续发展是既能满足当代人的需要，又不会对后代为满足其需要的能力构成危害的发展。此外，报告提出可持续发展的相应内涵，即经济可持续、生态可持续和社会可持续三个方面。1995年，联合国教科文组织、联合国环境规划署和世界旅游组织等在西班牙共同召开的可持续旅游发展世界会议上，通过《可持续旅游发展宪章》和《可持续旅游发展行动计划》，并把旅游可持续发展的含义明确为"在保持和增强未来发展机会的同时满足旅游者和旅游地居民当前的需要，在保持文化完整性、基本的生态过程、生物多样性和生命维持系统的同时满足经济社会发展和美学的需要"。

乡村休闲旅游产业组织内部各个构成要素之间合作、竞争的最终目的是实现可持续发展理念。

（二）利益相关者理论

利益相关者理论是20世纪60年代左右，在美国、英国等长期奉行外部控制型公司治理模式的国家中逐步发展起来的。利益相关者理论源于管理学，认为企业的经营管理活动要为综合平衡各个利益相关者的利益要求而展开，任何企业的发展都离不开各种利益相关者的投入或参与。根据弗里曼的定义，利益相关者指的是"任何能影响组织目标实现或被该目标影响的群体和个人"。利益相关者理论认为，随着时代的发展，物质资本所有者在公司中的地位呈逐渐弱化的趋势。从"企业是一组契约"这一基本论断出发，可以把企业理解为"所有利益相关者之间的一系列多边契约"，这一组契约包括管理者、雇员、所有者、供应商、客户及社区等多方参与者。每个契约参与者实际上都向公司提供了个人的资源。为保证契约的公平和公正，所有当事人的利益都要被照顾到。

乡村休闲旅游产业组织内部各方都有自己的利益诉求和实现自身利益的主张，因此，对乡村休闲旅游产业组织模式的创新研究离不开综合平衡产业组织内部各参与者的利益。

（三）产权理论

产权是财产权利的简称，是指产权主体对客体拥有的不同权能和责任，包括狭义的所有权、占有权、支配权、使用权（通称为四权）。产权可以按照归属主体的不同分为私有产权和公有产权。私有产权是将资源的产权界定给特定的人，产权主体可以不受限制地管理和使用客体。公有产权是将客体的财产权利归属于一个共同体的所有成员，其特点是某个人对产权客体行使权利时，不排斥他人对客体行使同样的权利。

产权最主要的功能是能够给产权主体以激励。首先，产权能够减小不确定性和降低交易费用，对产权主体有明显的激励作用。其次，产权能够使外部性内在化。外部性有正外部性和负外部性之分。正外部性使经济活动主体的私人收益低于社会收益，甚至低于私人成本，自然使他失去了从事这种有利于社会活动的动力。而负外部性会造成对公共资源的过度使用。造成外部性的根本原因是经济活动主体没有受到产权的保护，一旦产权关系被确定下来，产权主体的利益受到了法律的保护，经济活动的外部性内在化了，活动主体的积极性自然会被调动起来。

根据产权理论，明确乡村休闲旅游资源的占有、经营、处置和管理的形式与方法，确保乡村休闲旅游产业组织中各利益相关者的权责利，形成长久的合作关系。乡村休闲旅游投融资引起的产权变化见表2-1。

表2-1　乡村休闲旅游投融资引起的产权变化

产权体系		所有权	占有权	使用权	处置权	收益权
乡村休闲旅游开发前状态		国家/集体	村民	村民	国家、集体/村民	国家、集体/村民
投融资引起的产权关系变化	买断经营权	国家/集体	企业	企业	企业	企业
	股份制	国家/集体	企业、村民	企业、村民	企业、村民	企业、村民、集体
	自主经营	国家/集体	村民	村民	国家、集体/村民	国家、集体/村民

（四）一体化战略理论

一体化战略是指企业将原来可独立进行的，相互连续或相似的经济活动组合起来。相互连续的活动组合，称为纵向一体化；相似的活动组合，称为横向一体化。在企业采取一体化的众多原因中，消除外部性是其中之一。当一个企业的生产直接受其他企业行为的影响时，就产生了外部性。如果这种影响是正面的，就是外部经济；反之，就是外部不经济。一般而言，互补品的生产存在着外部经济。显然，企业间的一体化可以是实现外部效应的内部化，因此，互补品行业中的企业存在着一体化的倾向。

根据一体化战略理论，乡村休闲旅游作为农村一二三产业融合的新产业，产业融合发展延长了产业链条，提高了产前、产中与产后各个环节的组织化程度，其过程实际上就是一体化的过程。例如，纵向融合根据产业主体的不同可分为三类：一是以一产为基础的延伸，即以种养业为主导，向产前延伸开展良种繁育、农资供销等，向产后延伸到加工储藏、物流销售、乡村休闲等二三产业；二是以二产为纽带的延伸，即以农产品加工业为依托，由单纯加工向研发、生产、流通、服务等领域发展；三是以三产为引领的延伸，即依托农产品流通、电子商务、乡村休闲旅游等三产，建立农产品原料、加工、销售、物流基地，延长产业链条。横向融合则主要体现在以农业生产基地或生态资源为依托，开发农业除种植以外的其他功能，如采摘、亲子活动、农业培训等。

（五）乡村休闲旅游地生命周期理论

乡村休闲旅游地是指乡村地域范围内，依托特色乡村旅游资源，并具有一定的旅游接待和服务设施的旅游目的地。旅游地生命周期的研究始于20世纪70年代。加拿大学者Butler（巴特勒）根据产品周期理论，于1980年提出旅游地演化的六阶段生命周期模型，即探查阶段、参与阶段、发展阶段、巩固阶段、停滞/稳定阶段、衰落或复苏阶段。乡村休闲旅游地生命周期理论见图2-1。

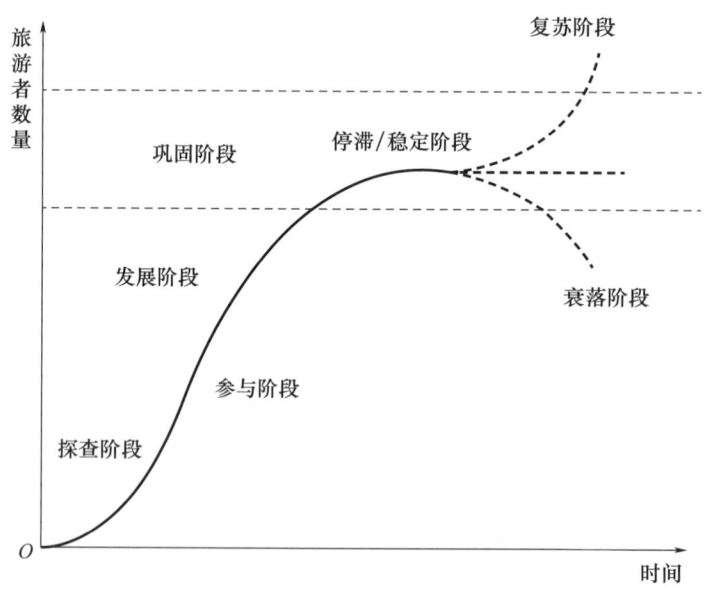

图2-1　乡村休闲旅游地生命周期理论

乡村休闲旅游地所处的旅游发展阶段不同，它所采取的产业组织模式也必然不同。

二、乡村休闲旅游产业组织模式的主要参与者

(一) 政府

这里所说的政府包括各级地方政府及相关管理部门。政府作为公共利益的集中代表者，是公共旅游资源的最大整合者，在乡村休闲旅游发展过程中，政府希望通过乡村休闲旅游资源的开发，提升当地的知名度，推动区域经济和社会的协调发展。政府在乡村休闲旅游中的角色和作用主要体现在三个方面：一是对乡村休闲旅游发展的引导，包括对乡村休闲旅游发展的布局、开发决策及规划；二是对乡村休闲旅游发展的扶持，包括对经营者进行培训、提供信贷支持及给予税收优惠；三是为乡村休闲旅游提供支撑条件，如对外交通、通信、电力等基础设施的建设。此外，在规范乡村休闲旅游市场秩序、对外宣传营销及招商引资方面也发挥了重要作用。

(二) 村民

一方面，能让乡村休闲旅游地村民通过为旅游者提供旅游消费品及各种原材料、承包或开办农家乐等方式参与乡村休闲旅游的发展过程，从而实现提高村民收入水平、增加村民就业机会的目的。另一方面，随着乡村休闲旅游的全面发展，村民将视保护乡村环境及维护传统文化为自身发展的需要和责任，同时在一定程度上有被承认、被尊重及自我价值实现的心理需要。在所有乡村休闲旅游产业组织模式中，村民是最重要且不可缺少的构成主体，如果村民的利益在乡村休闲旅游开发中不能得到切实保障，将严重阻碍当地乡村休闲旅游的发展。

(三) 投资企业

这里所说的投资企业是投资乡村休闲旅游的外来企业。在有投资企业参与的乡村休闲旅游产业组织模式中，投资企业具有资金、技术和管理的优势，主要承担着投资、开发、经营与管理的作用。企业的利益诉求是在法律许可的范围内，在经营过程中追求利润的最大化。另外，随着游客及村民对乡村休闲旅游目的地环境破坏问题忧虑的日益增加以及他们对企业应承担社会责任的诉求增多，企业要考虑通过生态环境保护等社会责任获得企业长期生存和发展，树立良好的企业形象及提升企业知名度。

(四) 村党支部委员会和村民委员会

村党支部委员会和村民委员会，简称为"村两委"，是指设在乡镇（街道）下一级行政村的组织机构。前者是党的基层组织之一，是农村一切组织和全部工作的领导核心。后者是村民自我管理、自我教育、自我服务的基层群众性自治组织。在乡村休闲旅

游产业组织模式中，"村两委"主导村集体发展，是乡村振兴的组织保障。

（五）乡村休闲旅游协会

乡村休闲旅游协会是乡村休闲旅游产业组织中相关利益方的协调人。其作用是协调乡村休闲旅游开发和经营过程中出现的问题。它是其作为一个非营利性的松散组织进行运作的，协调问题时会将利益各方代表组织起来进行磋商，共同维护乡村休闲旅游的健康发展。除此之外，它还负责教育培训以及监督管理等工作。

乡村休闲旅游产业组织中主要参与者的利益关系见图 2-2。

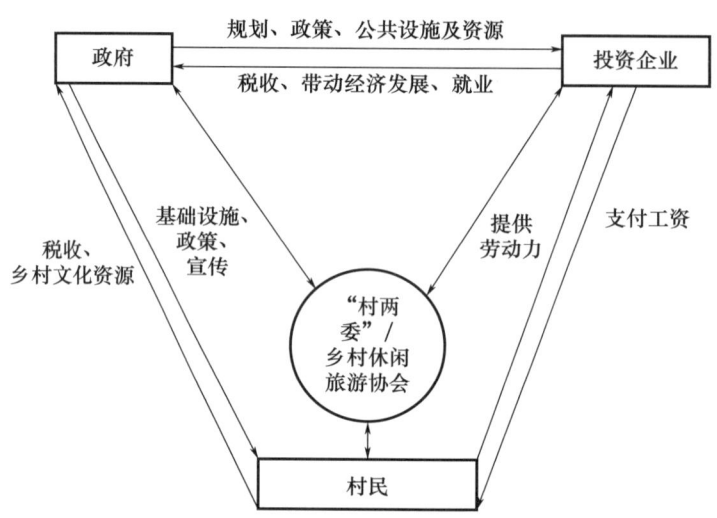

图 2-2　乡村休闲旅游产业组织中主要参与者的利益关系

三、我国目前主要的乡村休闲旅游产业组织模式及优化措施

（一）农户主导型

这种模式以农民为主体，对所拥有的资源进行自主管理和自主经营，自担风险，享有经济收益。主要表现形式为农家乐、民俗村等。

1. 农家乐

农家乐是指农民利用自家的农家院、周边景物以及当地农业资源，提供农家餐饮、住宿以及农事活动等服务，以满足游客乡村休闲体验、放松身心的农业经营形态（图 2-3）。

特点：乡土气息浓厚，原真性强，个性化，投资小，见效快。管理较为粗放，标准化不够，采购成本较高，服务规范较欠缺。

优化措施：组织乡村休闲旅游方面的培训，提升服务理念和服务水平；对于形成一定数量的农家乐，可以考虑成立一个乡村休闲旅游合作社。

图 2-3　北京市怀柔区渤海镇六渡河村的农家乐

2. 民俗村

其表现形式是一个村庄，由农户各自经营自己的乡村休闲旅游业务，一般会为游客提供餐饮、住宿、休闲或者娱乐服务。村委会不定期组织相关培训指导或引导发展成熟的农户传授经验，以帮扶其他农户经营，从而形成一种农户与农户之间融合协作、共同发展的模式。在该模式下，经营权与所有权集中在农户手上，农户自负盈亏，经营收入全部归农户所有，富民效果较为显著。

特点：有着历史悠久的民俗文化，民风淳朴，乡村休闲旅游产品的地域特征明显，且具有深厚的文化底蕴；缺少规范约束，产品品质和服务缺乏保障；后期会出现同质化产品，竞争激烈；单独的农户力量薄弱，融资困难，难以抵御市场风险。

优化措施：政府部门须贯彻落实乡村休闲旅游政策，加大扶持力度；组织乡村休闲旅游产业的相关人员进行培训，提升服务理念和服务水平；同时可以帮助多家农户成立乡村休闲旅游合作社。

典型案例 2-1

尖岩村：农家乐特色村入选 2022 年中国美丽休闲乡村

尖岩村位于北京市密云区溪翁庄镇，村庄面积高达 2280.3 亩（1 亩＝666.67 平方米，下同），有村民 475 户，共 967 人，是整建制的水库移民村。

近年来，尖岩村大力发展乡村休闲旅游产业，打造以栗子盛宴为主题的特色民俗旅游村。经过几年的发展，现在的尖岩村有乡村民宿 12 个，农家乐 172 个，休闲农园 1

个，年接待游客8.4万人次，年经营收入1076.3万元，年集体经济可支配收入29.5万元，村人均可支配收入中休闲农业部分占比20%。全村实际经营的民俗户有60余户，户均收入达6万元以上。村内休闲农业的从业人员有210人，全部为农民。经营项目有乡土美食、特色民宿、民族风情，地产农产品有原味西红柿、樱桃、栗子、苹果、核桃。每年都会开展移民文化风情节节庆活动。每年村委会都会邀请镇旅游、妇联、社保、安全等部门对民俗户进行两次以上的培训，主要包括餐饮技术、接待礼仪、安全生产、手工艺品制作等。现在，尖岩村的村民既是经营者，利用自家农房农地经营农家乐特色项目；又是从业者，村内乡村休闲旅游从业人员中农民占比100%。尖岩村农户的主要收入为乡村休闲旅游经营性收入，充分体现农民在乡村休闲旅游产业发展中的主体作用。

2022年，尖岩村入选农业农村部公布的中国美丽休闲乡村名单，同时被评为农家乐特色村。

（二）企业主导型

1. 企业独立运营

将乡村休闲旅游发展用地的所有权和经营权分开，授权给外来投资企业进行较长时间的经营管理及租赁开发，投资运营主体相对独立，最后会按约定的比例分享经营收益。企业的组织模式一般是有限责任公司和独资企业，表现形式有乡村酒店、乡村民宿、特色小镇等。

特点：具有一定规模或档次，市场化程度高，文化品位、活动内容等吸引力较强，能够满足高层次消费需求；民俗及休闲娱乐项目比较丰富，可将乡村休闲旅游产品较快地推向市场；企业长期经营，易形成垄断；市场化发展，易导致对环境的破坏，形成负的外部性，村民长期利益也容易受到影响。

优化措施：当地政府可加强监管，一方面要支持企业的发展，给予公共设施、政策方面的帮助；另一方面要监督企业的经营行为，保护当地资源，促进乡村休闲旅游业可持续发展。企业可加快一二三产业融合，扩大乡村休闲旅游的产业范围，让更多的村民能够共享红利。

典型案例 2-2

竹泉村：企业独资开发，市场运营

竹泉村位于山东省临沂市沂南县北部，距离县城12千米，距离临沂市区约65千米，约1.5小时车程。村庄占地面积1800亩，包括竹泉村景区、红石寨景区、桃花峪溶洞景区和原始森林景区等。2007年，青岛龙腾集团投资了1.56亿元对竹泉村进行独资开发。

开发模式：

(1) 政府指导、市场运作与村民自主有机结合

青岛龙腾集团作为竹泉村投资开发的主体，其开发、经营和管理均采取市场化运作。县、镇两级政府分别成立旅游开发建设指挥部，选派专人专岗，出台扶持政策，协调处理关系，解决制约因素。

(2) 规划先行，统筹兼顾景区的开发建设

秉持"保护性开发"的原则，将生态保护和历史文化发掘作为规划重点，通过有效的开发，形成新旧两个竹泉村，景观相互映衬，功能互为补充，互利共赢。保留古村原有风貌，打造成一个乡村休闲旅游产业的聚集地。新村按照现代新生活标准，为村民提供宽敞、舒适的居住环境。村民利用宅院，发挥专长，围绕"古村"开展旅游生意。

(3) 以人为本，生产、生活、生态和谐发展

游客的增多带来了更多信息，改变了村民的观念，竹泉村的文明程度得到极大提高，村民的生活条件也得到了极大改善。村民既可以得到租赁土地的收入，又可以得到景区就业岗位的收入或者景区带动的副业收入。

(4) 管理规范，公共服务体系完善

竹泉村安全管理及环境卫生等各项制度健全，并设有应急预案，通过几年的完善，已逐渐形成一套具有普遍性和标准化的制度体系。有标准化的游客服务中心和医疗救护点，能集中处理垃圾，所有污水经处理达标后才排放，形成了整洁、完善的环境基础设施。

(5) 保障项目投入，推进建设制度

企业每年安排专项资金投入美丽乡村建设，同时努力争取各种渠道的政策资金，为美丽乡村的开发建设提供资金保障，力求打造生态旅游精品。

2. "企业+农户"运营

这种模式适用于具有旅游特色的村镇，通过引进有经济实力和市场经营能力的企业，进行公共基础设施建设和环境的改善，指导乡村居民开发住宿、餐饮接待设施，组织村民开展民族风情、文化旅游活动，形成具有浓郁特色和吸引力的乡村休闲旅游产品。进驻的外来投资企业既可能是股份制企业，又可能是合作制、股份合作制、独资企业。企业和农户之间主要是分工合作关系，企业提供主要的产品和服务，农户则提供相关的配套服务。公司统一管理，规范经营。将乡村休闲旅游资源整合，形成统一规划、边界基本确定的旅游景区，风貌保护、景观建设、基础设施、卫生和秩序、市场营销由公司统一负责，农户分散经营。

特点：外部性促使一体化发生，以获取更大利润；另外，农户的资产专用性又限制

了一体化,避免资产专用性导致的沉没成本问题;公司会对农户的经营活动进行规范,避免因不良竞争而损害游客利益,达到经营层面一体化;公司与农户的合作是建立在一定经济基础上的,受公司实力的影响较大;农户在与公司进行谈判时处于不利地位;经营时农户会出现私自改变价格和服务标准的行为。

优化措施:公司要正确评估自身的经济实力,着眼于长期规划;农户要提高自身维权意识,谈判前做好准备工作;企业要对农户进行统一培训,同时加强对农户的监督管理,以及受理游客的投诉。

典型案例 2-3

蓝海小镇:"公司+农户",实现共赢

近年来,杭州蓝海生态农业有限公司(简称"蓝海小镇")依托多种蔬果优势资源和得天独厚的山地环境发展乡村休闲旅游,通过承包土地、招收农民务工、允许农民进园区摆摊等方式,助力农民增收共富。

2007年,蓝海小镇将所在地的1200亩农地从农户手上租了下来,种上了苗木。流转的土地涉及三个村的农民(400~500户)。之前,许多农民外出打工谋生,公司接手后将荒地重新利用,并为当地农民提供就业机会,使越来越多的农民愿意回到农村,变成亦工亦农的新型农民,一边当企业员工,一边在自家田里干活,还能收土地租金。此外,当客户对新鲜绿色生态瓜果需求量大的时候,公司就会联系周边果农,从他们手上收一定量的瓜果来卖给客户,或者让村民直接进园售卖。

目前,蓝海小镇东区的800亩地仍以苗木种植为主,西区的大部分土地已经转型为瓜果蔬菜采摘园和休闲农业体验园。未来,公司会将1200亩地全部转换为融合生态观光、乡村体验、休闲度假、健康养生、研学亲子等项目的复合产业园,从农耕到农旅,挖掘更多新形式。

随着农业产业经营模式越来越多样化,不少中小型农业公司都在积极探索不同的致富路径,也在破解各自的难题。从蓝海小镇的做法可以看出,自20世纪90年代我国提出"农业产业化"发展至今,"公司+农户"仍是主要产业模式之一。但企业与农户的合作并非公式化地走流程,而是要真心为农户着想,只有这样,才能实现共同富裕。

3. "企业+村集体+农户"运营

外来企业作为主导力量,可通过村集体与农户对接,村集体代表广大村民的利益与企业沟通,将村民分散的土地流转过来,集中管理经营。村集体以土地等资源入股,与企业共同投资成立新的公司。村民以土地或现金入股,也可在公司就业。这种模式类似于"企业+农户",不同之处是有村集体投资,并占有一定比例的股份。

特点：能充分保障开发成本和利益均衡分配，解决了分散经营效率低的问题；村集体参与收益分配，增加了经济收入；村民可以领取租金、工资收入或股份分红；公司专业化运营，市场化程度高。目前，该模式约束机制不太健全，若经营管理不善，可能引发违约风险。

优化措施：为土地等资源性资产收益建立动态浮动机制，确保村集体和村民利益相对公平。

典型案例 2-4

九溪洞村："公司＋集体＋农户"开发，推动乡村振兴

湖南浏阳市洞阳镇九溪洞村在 20 世纪 90 年代因其独特地貌盛产石灰石，村里依托丰富资源，集体企业一度办得红红火火。如今，原集体企业早已改制，如何转型升级，成为摆在九溪洞村人面前的一道"必答题"。2022 年年初，九溪洞村探索"公司＋集体＋农户"模式，成立了农业开发公司，走出一条乡村振兴之路。

九溪洞村由三个村合并而成，曾拥有矿山、石灰厂、水泥厂等十余家集体企业。如今，水泥厂等传统产业已成过去，矿山企业合并重组后也仅剩一家。年轻人要么在矿山企业工作，要么去浏阳经济技术开发区打工，村里常住人口仅有 2000 人。如何通过转型发展，搭上乡村振兴的快车，成为村级发展的重大课题。经过调研论证，九溪洞村决定采取"公司＋集体＋农户"方式，与浏阳市龙洞矿山设备有限公司合作组建农业开发公司。

2022 年 2 月，浏阳市九鸡田园生态农业开发有限公司注册成立，龙洞矿山设备有限公司占股 65%，村集体以水库和宾馆等资源入股占 25%，农户占股 10%，共同享受分红收益。乡村振兴离不开村民的积极参与，通过宣传发动，如今已有 170 多名村民参股，村民可领取租金收益，也可用土地折算资金入股。农业开发公司成立后，规划立足山林水田资源，促农旅融合发展。目前，流转了 300 余亩稻田发展生态农业，分别种植了一季稻、双季稻各 100 多亩，还建起稻花鱼基地。

洞阳镇政府对九溪洞村发展生态产业十分支持，并给予技术指导和政策扶持。现在矿山设备有限公司给农业公司"输血"，已经投入几百万元。各项工作正在紧锣密鼓地开展，"公司＋集体＋农户"模式推动乡村振兴已初见成效。

（三）村集体主导型

1. 村集体统一开发运营

由村集体负责乡村休闲旅游项目的开发和运营，项目所需资金可以由当地财政拨款，或者申请专项资金，也可以通过村民集资或入股方式筹集资金，村民可以用自己的

实物资产作价出资。经营中除了少数管理人员和技术人员，一般的服务人员和工作人员要以当地村民为主，村民按照出资比例分红。

特点：村集体牵头，保护村民利益，保护原生态；受村集体带头人的思维理念影响较大，需要带头人有规范化管理和市场创新的意识。

优化措施：要充分发挥村级党支部的作用，与时俱进，提高村集体的管理带动能力。

典型案例 2-5

袁家村：新型农村集体经济，助力乡村振兴

袁家村位于陕西省咸阳市礼泉县北部，距离西安 78 千米，处在西咸半小时经济圈内。20 世纪 70 年代以前，袁家村还是一个无人问津的关中空心村，既无著名的历史遗迹，又没有独特的山水资源。自 2007 年起，袁家村在村书记郭占武的带领下，通过发展乡村休闲旅游，探索出一条乡村振兴的新路子，成为享誉中外的乡村休闲旅游目的地。

袁家村之所以能成为乡村振兴的典范，其重要原因在于以乡村休闲旅游带动产业发展，成功探索出农村集体经济发展的"袁家村模式"。

袁家村发展乡村休闲旅游的组织模式具体如下：党支部是村集体的核心，农户是乡村休闲旅游发展的主体。袁家村的股份制由基本股、混合股、交叉股、调节股、限制股构成，通过调节收入分配，实现利益均衡。①基本股：袁家村股份制改造后的集体资产分为集体股（38%）和成员股（62%），量化到本村集体经济组织成员，每户 20 万元，每股年分红 4 万元。②混合股：袁家村混合持股结构表现在股东多样性（本村村民及周边村庄村民）和持股结构多样性（资本入股、技术入股或管理入股）。③交叉股：为实现利益共享，袁家村村民和各类经营户可以交叉持股旅游公司、合作社和商铺，由村民和经营户自愿参与，目前交叉持股的商铺达到 460 多家。④调节股：为实现公平竞争，改善经营户收入不均的状态，部分效益好的商户变身合作社，低盈利的商户可入股，以此提高经济收益，实现袁家村业态丰富化。⑤限制股：虽然袁家村采用的入股方式是自愿方式，但也有部分限制，如允许钱少的村民先入股，以便照顾弱势群体，实现村民共同致富。其中，项目的实际经营者最多占 20% 的股份。外来投资和经营项目，凡占用袁家村集体资源的，这部分集体资源就作为股份（一般为 20%）进入项目，所得股份分红收益作为村集体收入，主要用于基础设施建设等必要的公共事业支出。

袁家村这种新型农村集体经济打破了传统农村集体经济只考虑集体利益、无法调动和提高农民个体参与积极性的弊端，融合了传统农村集体经济"以统为主"和家庭联产承包责任制"以分为主"两种模式的优点，形成"统分结合"的新发展模式。股份制改

革克服了过去农民对集体土地和其他集体资产所有权的"虚无持有"状况，明确了农村集体土地、资产对农民的价值，既实现集体资产的增值和产出效益，又提高农民收益，保障了农民权益。

2. 村集体企业化主导

村集体带头人要有经营思维和市场思维，善于学习和引进外部先进理念和模式；做好企业化正规管理，完善体制机制，统一高效运营；做好参股村民股份的科学分配，明确分红标准与分红比例；在发展理念、产品内容、经营模式等方面不断创新、与时俱进。

特点：发展思想统一，开发规模效益明显；有利于乡村休闲旅游上规模、上档次；股份形式有利于实现农民参与的深层次转变，调动农户参与旅游发展的积极性；受村集体带头人的思维和理念影响较大，容易对其有一定依赖性。

优化措施：加强党建引领，发挥"村两委"作用，确保机制的可持续性。

典型案例 2-6

中郝峪村：全员股份制，"三变"模式起源地

中郝峪村位于山东省淄博市博山区池上镇，距城区 40 多千米。全村共 113 户、364 人，耕地面积 80 亩，山林、果林面积 2800 亩，是纯山区村。在发展乡村休闲旅游之前，全村年人均收入不到 2000 元，近年来，通过发展乡村休闲旅游，全村现在年人均收入 4.5 万元，每户有 15 万元以上存款，仅用了十几年时间，人均收入增长了 20 倍。这一巨变得益于中郝峪村实行的"全员股份制"的新型农村集体经济发展模式。

2012 年，在原来发展农家乐的基础上，中郝峪村成立了幽幽谷旅游开发有限公司，对村庄进行统一开发、运营、管理和推广。

"全员股份制"的股权构成分为村民股和集体股两部分。其中，村民股占 80%，由村民自愿将宅基地、房屋、山林、耕地及地上附着物评估折现和现金入股构成；集体股占 20%，集体股中的 17% 用于全体村民平均分红和公司发展，3% 用于老年人福利。除经营收入以外，每年获得公司分红。在经营上，公司统一负责项目开发、运营和宣传。公司统一运营分配客人，农户只负责做好接待、服务工作，不得擅自接待客人。村庄所有项目的价格都由公司统一制定、统一收费。

股份制改革和公司化运营离不开科学健全的制度规范。中郝峪村依据《中华人民共和国公司法》《中华人民共和国村民委员会组织法》等法律法规，通过加强管理和制度创新，发挥股份制的优势：在公司运营上，将公司项目承包给相关负责人，后期通过严密的监督与考核进行绩效评估，实现公司的高质量发展；在收益分配上，严格将每年收

入的 1/3 留作留存收益，将每年收入的 2/3 在年终时按入股的比例进行分红，同时每年附带 5 次福利，充分发挥股份合作制的优点；在村集体管理上，制定村规民约，有序开展精神文明活动评选，提升村民整体素质，逐步构建乡村文明社区。

中郝峪"全员股份制"的新型农村集体经济发展模式，真正体现"资源变资本、资本变股金、农民变股民"，真正实现全村参与、全民持股。中郝峪村成为乡村休闲旅游产业组织创新发展的典范。

典型案例 2-7

回贤村：党建引领，发展乡村休闲旅游

回贤村位于云南省德宏州芒市镇东南方向，居住着汉族、傈僳族、德昂族等族人，下辖 15 个村民小组，设 1 个党总支、15 个党支部。近年来，回贤村党建引领，依托资源优势，探索发展乡村休闲旅游，走出一条乡村振兴的新路子。

（1）组织引领，找准发展定位

回贤村是一个典型的山区贫困村，长期以来，村内的石材资源是村民主要经济来源。为积极响应党中央的号召，村党总支大力推进生态文明建设，经充分调研论证、征求民意后毅然关闭了回贤石场。村党总支会同驻村工作队，根据回贤村优越的自然条件，良好的人文、民族、历史资源，以及距离芒市城区近的村情进行反复研究，在多次召集党员干部商议、听取群众意见后，最终确定了大力发展乡村休闲旅游，走产业转型促乡村振兴的道路。

（2）规划先行，明确发展方向

回贤村发展乡村休闲旅游坚持规划先行，一方面，采取"党组织＋合作社＋农户＋企业"模式，以回贤村古寨村民、全村脱贫户等为主体成立乡村旅游专业合作社，注册了"回贤古寨"商标。另一方面，聘请专业规划机构从空间布局、项目建设、旅游产品、市场营销、产业要素等方面系统编制了"回贤乡村旅游总体规划"，经过相关职能部门及回贤村党员群众多次讨论及修改后，形成了最终规划方案，为回贤村发展乡村休闲旅游奠定基础。

（3）党员带头，解决发展难题

发展初期，回贤村同样面临融资难的问题。比如村庄环境的整治和美化、景区道路的规划及建设、没有企业投资开发等问题都亟待解决。回贤村党总支、驻村工作队召集党员、村社干部、群众商讨举措，组建成立了德宏州首家乡村旅游专业合作社——芒市回贤五加峰乡村旅游专业合作社，广大社员积极入股，共筹集资金 200 余万元。由于启动资金少，需要用钱的地方太多，党员干部就带领群众自己动手，克服种种困难初步建成了回贤古寨景区。

之后，回贤村通过政府扶持、群众自筹、企业投入等方式又筹集资金3000多万元，并吸引到专业景区运营企业入驻运营，乡村休闲旅游发展才步入正轨。景区自2018年年末开放以来，共接待游客46万余人次，创造旅游收入1400余万元，合作社分红200余万元，带动80余名村民就业于乡村旅游项目的各个岗位，农家乐年收入达20万元。

3. "农户＋村集体＋运营团队"模式

该模式适用于乡村民宿的开发。乡村民宿是指利用位于农村地区的居民自有住宅或其他合法建筑，结合本地人文环境、自然景观、生态资源及生产、生活方式，为旅游者提供住宿、餐饮服务的场所。这种开发模式，虽然是村集体主导，但并不是跟外来资本合作，而是与外来的设计运营团队合作。外来的团队只负责设计和运营，农民的房屋等全部资产都是自己的，既不出售也不出让，农户自始至终保有资产的所有权。外来团队不参与资本的运作，只对乡村旅游产品进行设计、运营。与农户协调、沟通、出资修建等工作则完全由村集体去做。

特点：既可以解决农民的信任危机，让农民大胆地加入集体，积极地参与项目，又可以解决农民专业技术水平较低、管理能力较差、眼光较浅的问题，还可以将运营成本降到更低，效率提升更多；修建房屋的资金有限；设计运营时协调沟通不到位会影响效率。

优化措施：充分利用相关政策，补贴房屋修缮支出；通过合约的方式约定各方利益，确保各利益方合作共赢；鼓励农民积极参与产品开发、服务提供和运营管理。

典型案例2-8

下虎叫村：乡村民宿共生式运营

北京市延庆区刘斌堡乡下虎叫村，地理位置偏僻，距离延庆城区40千米，以一产为主，主要种植玉米、谷子、山杏，由于农业收入微薄，村里的年轻劳动力纷纷外出打工，村庄"空心化"日益凸显。在乡村民宿开发以前，下虎叫村是全市低收入村。

2015年8月，在刘斌堡乡党委、乡人民政府的支持下，下虎叫村与一家专注于高品质乡村度假服务的平台——隐居乡里合作，盘活了村里8个农家小院，10处房屋，改造成"隐居乡里·山楂小院"（以下简称"山楂小院"）乡村民宿（图2-4），并由隐居乡里营销和运营。民宿自2015年12月正式对外营业至今，一直保持着极高的入住率，受到市场热捧，也使下虎叫村通过发展乡村休闲旅游，脱贫走上了致富的道路。

山楂小院的运营模式坚持以农民为主体，打造了一个包括村集体（合作社）、运营方、投资方和管家三方的平台。具体来说：村集体负责村里的环境卫生、应急保障，是大后方；投资方和管家负责投资改造、检修、接待、清洁和餐饮服务等工作，是出钱、出力的一方；运营方负责建造设计、产品研发、营销管理和培训管家，是出智慧的一方。山楂小院的运营模式及利益联结机制见表2-2。

图2-4 "隐居乡里·山楂小院"乡村民宿

表2-2 山楂小院的运营模式及利益联结机制

运营模式	"农户＋集体＋企业"	①村集体成立合作社，农户将闲置农宅流转到合作社；②村集体与企业签订协议，隐居乡里全额投资，对院落进行改造和运营；③企业支付农宅租金9000元/年，上交村集体管理费5000元/年，承担小院日常运营成本
	"农户＋企业"	①农户作为投资主体，按照统一标准对自家院落进行改造；②隐居乡里负责运营，销售收入采取"三七"分成的方式分配，即企业占30%，农户占70%，农户承担小院日常运营成本
经营	管家包院	一处院落配备一名管家。管家主要负责餐饮、接待、保洁、维护等日常工作。管家主要选自本地村民，统一培训上岗。基本工资3000元/月＋接待奖励＋农产品销售提成
村民利益共享机制	收购农产品	依托合作社，以高于市场的价格收购村民的农产品，如山楂、小米、核桃等
	销售农产品	将农产品经过统一包装或者生产加工后销售给游客
	赞助村庄运营	村集体承担村庄的日常保洁、绿化美化、设施维护等工作，山楂小院提供销售收入的5%赞助村庄运营

山楂小院的开发模式，本质上主张当地居民是地区社会文化的主要组成部分，拥有维护自身良好发展的权利，发展乡村休闲旅游必须让当地居民直接参与管理和服务中，参与产品设计、规划实施中，并分享利益。如今，山楂小院已从最初的1个院子增加到16个院子，周边还建了北方民宿学院、大炕酒吧、亲子手工坊等。

下虎叫村通过引进运营商，盘活了村内闲置房屋，发展了精品民宿，还帮助低收入农户劳动力就业、增收。这种村企合作的模式，使山楂小院成为北京乡村民宿的典型代表。目前，这种模式已走出北京，在国内其他地方落地生根，这种与农村集体经济共生式的运营，形成中国乡村振兴中的一股独特力量。

(四) 新型经营主体运营

1. 农民专业合作社

根据《中华人民共和国农民专业合作社法》第二条规定，农民专业合作社是指在农村家庭承包经营基础上，农产品的生产经营者或者农业生产经营服务的提供者、利用者，自愿联合、民主管理的互助性经济组织。专业合作社属于经济组织，由5名以上成员组成，向工商行政管理部门申领营业执照，具有法人资格；理事长是合作社的法人，实行一人一票的民主决策机制；社内不以营利为目的，但对外追求组织利益最大化。成员按照合作社章程参与合作社内部事务管理，有利用本社提供服务和生产经营设施并分享盈余的权利，同时承担一定的合作社经营资金需求。

乡村休闲旅游合作社是农民专业合作社的重要类型，是广大农民按照合作社的原则和规章制度自愿联合，通过开展旅游服务共同分享利益的新型经济组织，是推进乡村休闲旅游规模经营的有效形式。

特点：将外部市场内部化，起到联结农户与企业、联结生产与市场的作用，农民组织化程度的提高增强了农户在市场中的谈判地位和抵御风险的能力，有助于形成乡村休闲旅游的品牌；乡村休闲旅游合作社的发展涉及政府、村级组织、企业、农户等多个利益主体，这些主体在乡村休闲旅游合作社发展的不同阶段扮演着不同角色；相较于其他类型农民专业合作社，乡村休闲旅游合作社对资本的依赖程度更高。

优化措施：应根据乡村休闲旅游合作社不同发展阶段可能形成的与外来资本的不同合作模式，把握好外来资本与村社资源的动态博弈，正确处理好功能定位、产权归属、投资出资与收益分配四个方面的关系。

典型案例 2-9

农家乐专业合作社：助力"慢城"乡村休闲旅游

慢淳乡村旅游专业合作社位于中国首个"慢城"——江苏省南京市高淳区的桠溪镇，成立于2015年11月，是当地第一家集餐饮、民宿、伴手礼销售、文创设计、亲子研学、志愿导服业务为一体的乡村旅游专业合作社，也是当地探索合作组织和乡村休闲旅游业态融合的最初尝试。

合作社由国际慢城景区内的农家乐、农家客栈、农副产品销售店及周边经济林果等种植户组成，实有成员31户，成员出资100万元，由返乡创业青年陈孜担任理事长，依托"慢淳农家乐服务站"作为基地开展运营。

合作社运营模式如下：

一是做到"四个统一"，即统一客源安排、统一产品采购、统一品牌包装、统一服务标准。合作社平台统一安排客源，成员严格按照合作社制定的菜单价格、客房价格接待游客，从合作社分流出去的客源，按照营业额的10%返还给合作社，作为合作社的收益。合作社通过招标筛选优质农副产品，统一采购产品，降低食材成本，保证食品安全，提升品牌附加值。当地盛产竹笋、茶等特色农产品，合作社可从农户手中统一收购，再经过统一包装、统一定价后，由"慢淳农家乐服务站"平台出售，打造"慢淳"品牌。合作社与相关方达成互赢互利合作模式，统一服务标准，通过吃、住、娱乐、购物、路线导服、景点门票、景区交通等一站式服务带动客源，为景区增添人气。

二是创新业务增服务。

（1）丰富餐饮特色。合作社根据成员餐厅发展现状，制定了各家成员店铺差异化经营路线，推出乡土文化餐厅、大山村精品文艺餐厅、慢钿酒酿餐厅和人文民宿等店铺，吸引了大量游客前来。联合兄弟合作社——南京康之源牡丹合作社打造"休闲农业＋牡丹宴"餐饮品牌；联合顾陇蜂蜜专业合作社打造"慢淳"金花蜜，增加合作社收益，提升附加值；传承米酒文化及手工美食文化，发扬匠心精神，开发"慢淳"桂花米酒；指导返乡创业青年赴浙江学习制作慢城传统美食——手工水塔糕，并注册"慢淳"商标。

（2）拓展教培业务。成立乡村导服队伍，为游客做服务向导，并与南京乡村旅游直通车、南京商旅公司等合作，主推慢城一日游、二日游精品线路，带动人气增加收入。承办培训业务，多次与南京农业大学、南京林业大学、南京艺术学院等高校进行合作，承办乡村旅游培训班、乡村研学班。开拓亲子教育新业态，与南京"天才计划"手工坊合作研发青少年手工教育课程，引进农学、植物学、动物学、国学、社会学、教育学、英语教学等方面的专家学者共同合作，将慢城地方文化特色融进亲子课程体系。

（3）践行公益宣传。开门办社，以定期开展课程交流的形式与外界合作交流。结合慢城发展历程，集合创业个体的典型特质，融合国内外民宿经营、乡村旅游、慢食文化等方面的优秀案例，定期进行课程分享。为地方社会组织及社区定制"创业课程""乡村审美微景观营造""乡村研学实践"等系列孵化课程，逐渐形成"她创业学堂"课程体系，并向更多的乡村辐射，把慢城文化和致富之路形成模式进行推广，形成国际慢城乡村产业链，带动乡村休闲旅游业的发展。

2. 休闲家庭农场

家庭农场是指以家庭成员为主要劳动力，从事农业规模化、集约化、商品化生产经营，并以农业收入为家庭主要收入来源的新型农业经营主体。休闲家庭农场是以农户为经营主体，主要利用家庭劳动力，结合农林牧渔生产，以田园景观、人文资源、自然生态环境及农村生产生活为资源，为游客提供农业体验、乡村旅游、养生度假、科普教育等旅游活动以及住宿接待设施，满足游客休闲、学习与体验需求。

休闲家庭农场的类型如下：

（1）乡村度假型休闲农场。依托乡村自然景观建设娱乐设施，依循"三农"（农业、农村、农民）及"四生"（生产、生活、生态、生命）原则呈现多样化的农村生态，为游客提供综合性服务与休闲的场所。

（2）农牧体验型休闲农场。这是以农牧体验为主的旅游产品，多具有较明显的牧场产业文化特质，鼓励游客参与动物的饲养以及产品的生产制作，引导游客了解农牧产业以及畜牧农场风情及特色。

（3）生态教育型休闲农场。利用自然生态资源为游客展示自然界动植物及昆虫的成长历程，为中小学生提供户外生物学、生态学教学场所，将丰富的自然知识与参与农业体验相结合，帮助入园者在学习中成长。

（4）综合型休闲农场。这类农场资源丰富，融合多类休闲农场的特色，具有多元文化特质。

近年来我国家庭农场发展速度加快，已成为一种新型农业经营主体，是承包农户的"升级版"。需要说明的是，家庭农场是一个产业组织主体，并非工商注册的组织类型。2014年，农业部（现农业农村部）印发的《农业部关于促进家庭农场发展的指导意见》明确提出，依照自愿原则，家庭农场可自主决定办理工商注册登记，以取得相应的市场主体资格。许多较大规模经营的农户其实就是家庭农场，家庭农场不一定非要在工商部门注册，注册的形式可以多样化。由于家庭农场不是独立的法人组织类型，在实践中有的登记为个体工商户，有的登记为个人独资企业，还有的登记为有限责任公司。

特点：集约经营，适度规模，土地利用率比较高；经营者主要是农民或其他长期从事农业生产的人员，他们作为"法人农民"从事市场性生产经营活动，以现代农业为发展方向，并根据现代企业管理方法参与市场竞争；目前存在经营者自身素质不高的情况，流转的土地多是基本农田，建设配套设施受限，投资较大，融资难的问题普遍存在。

优化措施：加强政府引导，积极推进土地流转，促进家庭农场规模化；加大对家庭农场的资金扶持和补贴力度，探索"银农对接"途径；加强社会化服务，组织农场主参加各类技能培训，提升其经营管理水平。

3. 休闲农庄

休闲农庄是从规模化农业个体户发展起来的。个体经营者对自己经营的农牧果场进行改造和旅游项目建设，使之成为一个完整意义的旅游景区。将现代管理、科技、资金等引入农庄，就形成一个集科技示范、农业体验、科普教育以及休闲娱乐功能于一体的综合型园区。个体农庄的发展，吸纳了周边农村劳动力，他们通过手工艺制作、表演、服务、生产等形式加入，丰富了农庄项目内容，也增加了农民自身的收入。

特点：具有农业生产的基本功能，自主经营，获取收益，缓解了就业压力，个体经营者会维护当地基础设施和生态环境，从而改善了投资环境；自主经营的农庄，资金及技术条件有限，管理水平不高；农户会承担一定的资金风险；规模小，竞争优势不足。

优化措施：积极与政府、企业、旅行社等相关部门及单位合作，招商引资，拓宽资金来源渠道；加强对农户专业技能和管理经验的培训，提高农庄的经营管理水平；引入先进技术及设备，转变落后的经营生产方式，提高生产效益；合理利用土地，实现可持续发展。

（五）混合型

1. "政府＋公司＋旅游协会＋旅行社"模式

政府全盘把握，公司和协会分工协作，农民广泛参与。政府负责乡村休闲旅游的规划和基础设施建设，优化发展环境；旅游公司负责经营管理和商业运作；旅游协会负责组织村民参与地方戏的表演、进行导游、制作工艺品、提供住宿和餐饮等，并负责维护和修缮传统民居，协调公司与农民的利益；旅行社负责开拓市场，组织客源。各方按投资比例进行利益分配。

特点：能充分发挥各类主体的优势，避免单一主体主导的局限性，提升乡村休闲旅游资源的利用效率；通过合理分享利益，推进农村产业结构的调整，为乡村休闲旅游可持续发展奠定基础；避免了过度商业化，保护了本土文化，增强了当地居民的自豪感，解决了就业问题，有利于激发各自的潜能；实际操作中，因为涉及的利益主体比较多，因而协调困难，阻力因素比较大。

优化措施：坚持政府的引导作用，加强利益相关方的交流与沟通；统筹兼顾，引入透明的利益分配机制；关注农户诉求，保障村民利益。

2. 股份合作制模式

股份合作制是混合所有制和集体经济形式实行劳动联合或资本联合。投资主体既有集体，又有农户。股份合作制，实现了乡村休闲旅游的社会化和管理的民主化、科学化，丰富和扩大了原有的股份制模式。在企业内部募集股份，在劳动合作的基础上进行资本联合。除按股分红外，还可以按劳分红，利益共享，风险共担。

特点：扩大了资本的筹资渠道，适应农业对家庭经营的选择，实现了千家万户分散的小生产和大市场的对接，资本合作与劳动合作实现了有机统一，利益共享，风险共担；实行民主管理，在收益分配上具有灵活性，并通过一定的运作管理机制对集体资产进行监督；合作制的产权结构比较单一，且股本不能流通，只能退出。

优化措施：政府在政策上予以优惠，在组织上予以保护，在生产经营过程中一视同仁；通过有效的集资，扩大经营规模；建立稳健的经营管理制度。

四、我国乡村休闲旅游创新发展中的政府引导

（一）乡村休闲旅游创新发展中政府引导的必要性

政府引导乡村休闲旅游发展，不是指政府直接参与乡村休闲旅游的开发和经营，而

是在以市场为基础进行资源配置的前提下，发挥政府部门的宏观调控能力，对乡村休闲旅游发展给予引导、支持和规范，达到防止市场失灵、优化资源配置的目的。

政府引导乡村休闲旅游发展的必要性主要体现在以下几个方面：

1. 乡村休闲旅游的产业综合性决定

乡村休闲旅游以农业为基础，以服务为手段，以城镇游客为目标，以休闲旅游为目的，横跨一二三产业，融合生产、生活和生态，内涵丰富，产业之间关联性很强。乡村休闲旅游的综合性特点决定了其发展一定要注重产业内外各因素的协调，兼顾产业内部、产业之间的利益关系，这种利益分配、矛盾协调、竞争合作之类的问题，只有政府部门才能统筹解决。

2. 乡村休闲旅游发展的阶段性决定

在我国，乡村休闲旅游的发展大致可以分为四个阶段：20世纪80年代的萌芽阶段、20世纪90年代的初步发展阶段、2000年以后的快速发展阶段以及2010年以后的转型升级阶段。在发展初期，市场机制极不成熟，市场体系也不够完善，市场功能难以得到有效发挥，亟须政府的力量培育市场。市场机制逐渐成熟之后，人们对休闲旅游有了更高的需求，乡村休闲旅游的产品需要提档升级，企业的经营开始走向规范化，尤其是要实现乡村休闲旅游的可持续性健康发展，更需要政府给予积极的引导和重要的支持，加强管理。因此，无论哪个阶段，都不能忽视政府部门对乡村休闲旅游发展的引导作用。

3. 政府部门的经济职能决定

政府职能是国家行政机关依法对国家及社会公共事务进行管理时应承担的职责和所具有的功能。在政府经济职能中，政府部门承担宏观调控、提供公共产品和服务、市场监管等方面的职能。对乡村休闲旅游的发展，政府部门需要制定相应的政策法规，建立乡村休闲旅游的公共服务体系和标准化评价体系，还需要对乡村休闲旅游市场秩序进行及时规范和整顿，实现协调发展。

4. 乡村休闲旅游资源的整合性决定

发展乡村休闲旅游是一项系统工程，各地应以推动区域旅游发展为目标，将区域内的乡村休闲旅游资源进行整合，从而实现资源共享、信息互通、客源互换，使乡村休闲旅游具有品牌竞争力。在乡村休闲旅游资源开发过程中，也要借助其他旅游资源，如文化旅游、红色旅游等，形成优势互补，打造丰富多彩的旅游产品组合，满足多元化、个性化的市场需求。这样的资源整合，只能通过政府部门牵头，协调各个部门，形成合力，共同推进。

(二) 乡村休闲旅游创新发展中的政府角色

1. 政策法规的制定者

对乡村休闲旅游而言，地方政府应通过制定有效的政策和法规来引导和规范市场行为，尤其是要制定适合本地区实际情况的、便于实际操作的地方性法规和旅游管理实施细则。同时，地方政府要加快健全执法队伍建设，加大执法力度，真正做到"有法可依，有章可循"。

2. 发展战略的规划者

科学规划是确保乡村休闲旅游健康发展的重要保障，通过科学规划在乡村休闲旅游中贯彻新发展理念、促进乡村休闲旅游高质量发展是政府应起到的作用。在具体操作层面上，政府应通过论证会、评审会等形式，发挥协调职能，组织各方专家对规划进行科学的制定和论证，尽量将可能出现的问题杜绝在源头。以合理、科学的规划为依据，从整体出发，防止乡村休闲旅游开发建设的各种盲目行为。

3. 行业秩序的监管者

良好的行业秩序是行业发展的重要前提，行业监管的最终目的就是为行业发展营造健康、良好的环境，因此，如何针对行业的特点，适应行业发展的需要，为行业可持续发展创造良好环境，是政府部门的一项重要职能。对行业监管而言，重点有两个任务：一是要强化对乡村休闲旅游市场秩序的动态监督和管理，抓住突出的市场问题进行集中整治，维护乡村休闲旅游企业竞争的公平性和旅游者的合法权益；二是加强对乡村自然、人文环境的保护力度，保持乡村休闲旅游目的地的原生态。

4. 专业人才的培养者

现阶段，与蓬勃发展的乡村休闲旅游市场相比，从事乡村休闲旅游的专业人才比较缺乏。因此，需要政府建立面向市场的多元化培训机制，开展以技能培训为核心的专项培训，提高从业人员整体素质，为乡村休闲旅游的发展提供足够的可用之才。

5. 基础设施的建设者

由于我国乡村休闲旅游目的地大多位于城市的郊区和经济发展水平薄弱的农村，许多基础设施和公共服务满足不了游客的需要，例如，道路、洗手间、移动电话网络等公共设施较简陋，客房、餐厅等食宿设施、卫生状况和设施设备条件较差，难以留住游客。因此，需要政府继续加快基础设施建设，确保游客旅游过程中的舒适性、便捷性。

6. 安全保障的提供者

旅游安全是乡村休闲旅游的重中之重，政府必须加强乡村休闲旅游安全、保险、紧急救援体系的建设，推进建立由旅游安全、保险救援、管理教育有机结合的乡村休闲旅游安全体系，为旅游者提供足够的安全保障。

（三）乡村休闲旅游创新发展中政府引导作用的体现

为贯彻落实党中央、国务院乡村振兴战略的决策部署，扎实推进农业供给侧结构性改革，近年来政府相关部门通过出台政策、编制规划、组织项目申报、开展推介对接活动等方式积极推进乡村休闲旅游的持续健康发展。政府在乡村休闲旅游中的引导作用主要体现在以下几个方面：

1. 出台政策，引导发展

中央和地方政府高度重视乡村休闲旅游的发展。在乡村休闲旅游的不同发展阶段，我国相继出台了多个政策文件予以支持，见附录 A。各级地方政府遵循这些文件出台了一系列政策大力扶持乡村休闲旅游产业的发展。特别值得一提的是，2020 年 1 月 1 日起正式实施的《湖州市乡村旅游促进条例》（以下简称《条例》），这是我国首部有关乡村休闲旅游的地方性法规。《条例》共 33 条，对乡村旅游专项规划，旅游资源的利用和整合，乡村旅游的主要业态、配套设施、公共服务和要素保障等做了详细规定，并对各行政主体在乡村旅游发展中的职能进行了明确划分。《条例》的制定和出台，标志着地方乡村休闲旅游发展开始进入法制化时代，有利于进一步强化法制保障、推动问题解决，引领乡村休闲旅游高质量发展，为全省、全国乃至国际乡村休闲旅游发展提供更多的"湖州经验"。

2. 制定规划，完善标准

发展乡村休闲旅游突出规划先行。政府部门通过编制规划，明确发展思路和发展重点，引导乡村休闲旅游有序发展。2020 年，农业农村部发布了首个《全国乡村产业发展规划（2020—2025 年）》（以下简称《规划》），对农产品加工业、乡村特色产业、乡村休闲旅游业、乡村新型服务业等产业的发展进行了详细的谋划，并对推进农业产业化和农村产业融合发展、农村创新创业等方面进行全面的部署。《规划》的出台表明国家对乡村休闲旅游业的发展越来越重视。在国家政策的指引下，各地纷纷出台落实措施，大部分省相继编制了乡村休闲旅游的"十三五""十四五"发展规划。另外，随着规范意识的提高，政府部门对乡村休闲旅游标准日益重视，已经陆续出台一些国家标准和行业标准，在一定程度上加强了标准化建设和规范了乡村休闲旅游发展。

3. 改善设施，提供服务

实施乡村振兴战略是党的十九大做出的重大部署。党中央、国务院印发的《乡村振兴战略规划（2018—2022 年）》，对实施乡村振兴战略第一个五年工作做出具体部署，指导各地区有序地推进乡村振兴。五年来，各地区、各有关部门落实党中央、国务院的决策部署，各项目标任务顺利完成，乡村振兴取得阶段性成果。其中，村庄规划有序推进，具备条件的乡镇和建制村全部通硬化路、通客车、通动力电、通 4G 网，全国农村卫生厕所普及率超过 70%，农村生活垃圾进行收运处置的自然村比例稳定在 90% 以上。我国农村基础设施建设，农村的道路、水、电、通信等基础设施得到明显改善，为乡村休闲旅游发展创造了条件。从行业服务体系来看，国家成立中国旅游协会休闲农业与乡村旅游分会，各省（区、市）也成立了自己的行业协会，在加强行业自律、规范行业管理、服务产业发展方面发挥了积极作用。

4. 宣传推介，培训人才

为加快乡村休闲旅游产业的发展，政府部门开展了全国休闲农业重点县、中国美丽休闲乡村、最具特色乡村庆丰收活动、中国美丽乡村休闲旅游（春/冬季）精品景点线路等评选活动。从《乡村振兴战略规划（2018—2022年）》的实施报告中可以看出，这五年来，国家层面推介了1442个中国美丽休闲乡村，1000余条精品景点线路。中国旅游协会休闲农业与乡村旅游分会充分发挥职责，从2010年开始，在全国范围内组织开展"全国休闲农业与乡村旅游星级示范创建行动"。通过推荐和创建活动，树立典型，宣传推介，引领全国乡村休闲旅游持续、健康发展。此外，政府部门通过举办论坛、农业节庆等活动加大乡村休闲旅游的宣传推介力度。每逢节假日，各地都会通过报纸、电视、网络等媒体对当地的乡村休闲旅游活动进行宣传，形成从国家到地方的立体式宣传网络。同时，持续、大力开展乡村休闲旅游人才培育，通过培养高素质农民、农村实用型人才等方式提升从业人员的素质，提高乡村休闲旅游的服务质量。政府部门还鼓励高等院校、职业学校开设相关专业的课程，并指导相关单位编写休闲农业与乡村旅游方面的教材，为产业发展提供人才储备和智力支持。

第三章 乡村休闲旅游产品创新

一、乡村休闲旅游产品创新的理论

(一) 产品生命周期理论

产品生命周期理论是美国哈佛大学教授雷蒙德·弗农（Raymond Vernon）于 1966 年在其《产品周期中的国际投资与国际贸易》一文中首次提出的。产品生命周期（product life cycle，PLC）是产品的市场寿命，即一种新产品从开始进入市场到被市场淘汰的整个过程。雷蒙德·弗农认为：产品生命是指市场的营销生命，产品和人的生命一样，要经历形成、成长、成熟、衰退的周期，见图 3-1。乡村休闲旅游产品同样会经历这样的周期，在不同的发展环境中，随着消费需求的不断提升，陈旧的乡村休闲旅游产品会逐渐淡出，创新型的产品和业态会不断地涌现和替换。

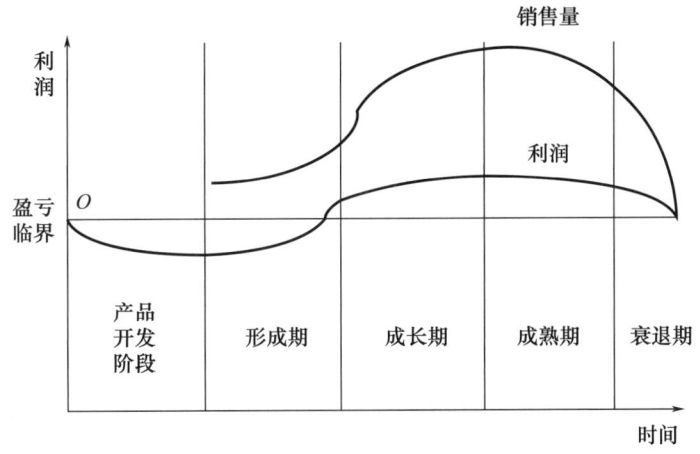

图 3-1 产品生命周期曲线

(二) 产业融合理论

学界有关产业融合（industry convergence）的理论探究，始于 1974 年尼古路庞特（Negreouponte）的思想，即跨界技术边界重叠会带来更多创新与成长的机会。由于技术进步和管制放松，降低了行业间的壁垒，行业企业间的竞合关系产生了变化，从而引起产业界限的模糊化或者降低了行业壁垒。产业融合作为一种经济现象，最早源于数字技术的出现而导致的信息行业之间的相互融合。推动产业融合的动因之一是技术创新。技术创新可以开发出关联性甚至替代性的工艺、技术和产品,随之往其他产业进行渗透和扩散,并逐步改变这些产业的生产成本函数,从而为不同产业之间的融合提供内在驱动力。同时,原本产业产品的市场需求特征也可能因技术创新而发生变化,新的市场需求也会推动产业之间的融合。根据产业融合的理论,随着消费者对乡村休闲旅游产品的要求越来越高,需要借助大数据、AR智能技术等应用到产品创新设计中,形成跨产业的新型乡村休闲旅游产品,才能在乡村休闲旅游发展中突出创新优势,对消费者形成持续吸引力。产业融合的形成过程,见图3-2。

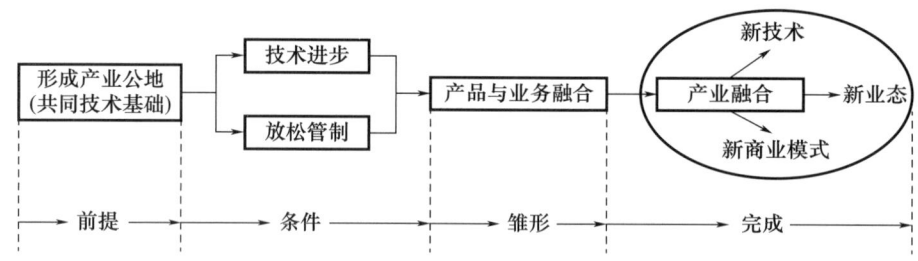

图 3-2 产业融合的形成过程

(三) 乡村美学理论

什么是乡村?从社会学角度来讲,乡村是人口密度低、以农业自给自足或以农业与工业化的城市进行物质交换的地区;从地理学的角度来讲,乡村是包含农业风光、社会关系的生态空间,有地区生产生活方式和历史文化等因素的共同作用,具有明显的田园特征。什么是美学?被誉为"美学之父"的德国启蒙运动时期的哲学家、美学家鲍姆加登首次提出了"美学"一词,最初的解释是美感,又叫作"审美鉴赏""审美判断""趣味判断"。之后康德、黑格尔等哲学家沿用了"美学"一词,并扩大了美学的内涵,不仅研究美的感性特征,还涉及理性层面,赋予其理论形态和完整体系。后面的研究者把审美的客体加大,于是有了城市美学和乡村美学。中国的传统美学认为不同事物有各自美的本质,可分为艺术美、自然美、形式美、社会美、品性美等。乡村休闲旅游产品的创新,应该融入乡村的文化、自然因素,以符合中国人审美的视角进行乡村休闲旅游产品的创新设计。

(四) 体验经济理论

何谓体验?从产业发展和企业经营的角度看,比较有代表性的是1999年B.约瑟夫·派恩和詹姆斯·H.吉尔摩共同撰写的《体验经济》一书中对体验的定义:"当一个人达到情绪、体力、智力甚至精神的某一特定水平时,他意识中所产生的美好感觉。"在这里消费是一个过程,体验是一种感受。消费者愿意为这个过程和感受付费,因为它美好、难得、不可复制、转瞬即逝。就企业而言,体验是"企业以服务为舞台,以商品为道具，以消费者为中心，创造能够使消费者参与、值得消费者回忆的活动"。体验多数情况下依附于商品或服务，但也可以相对独立。

《体验经济》一书中提出，经济社会的发展是沿着产品经济、商品经济、服务经济的过程进化的，而体验经济则是更高、更新的经济形态。它是从服务经济中分离出来的全新的经济形态，是消费方式及生产方式的重大变革。当商家有意识地以服务为舞台，以商品为道具，使消费者融入其中时，体验就出现了。由这种追求"体验"和提供"体验"的环境和设施，消费者和企业经营者进行互动而产生的经济相关活动称为"体验经济"。体验经济的出现是人们需求变化的新趋势，反映人类的消费行为和消费心理正在进入一种新的高级形态。传统经济主要注重产品的实用和价格，随着体验经济的到来，生产和消费行为已经发生了变化：从生活和情境出发，塑造感官体验及心理认同，以改变消费行为，为产品和服务找到新的生存空间。乡村休闲旅游产品的创新，一定是融入体验元素的产品及其服务，传统走马观花式的产品及服务逐渐退出消费市场。

（五）节庆经济理论

节庆活动，是指某国家、地区或城市在固定或不固定的日期内举办的以其特有的资源为载体，具有特定主题的一种社会活动。节庆活动在不同国家、不同民族、不同区域的长期生产、生活实践中产生，在特定时期举办，具有鲜明的地方特色。对于一个国家、一个地区或者一座城市而言，丰富多彩的节庆活动不仅可以传承传统文化，彰显地域文化，而且能产生不菲的经济价值。近年来，随着我国乡村休闲旅游的快速发展，节庆活动作为乡村休闲旅游供给侧结构性改革创新的重要形式，在吸引客源方面发挥了重要作用。节庆活动已成为农业文明和农村文化的展示窗口、都市型现代农业的主要平台、拉动地区经济和促进农民就业增收的重要抓手。

（六）社区支持农业理论

社区支持农业（community support agriculture，CSA）的理念最初起源于日本，1965 年日本消费者由于痛恨化肥、农药污染农产品而纷纷与有机农产品的生产者签署供需协议。这一理念后来传播到北美和欧洲，并逐渐发展成为 CSA。CSA 是指社区的每个人对农场运作做出承诺，让农场可以在法律上和精神上成为该社区的农场，让农民与消费者互相支持并承担粮食生产的风险，分享利益。共享农园作为乡村休闲旅游的重要类型，是多数休闲农业园区中常见的一个功能板块，也是社区支持农业的空间载体。市民到农村认养畜禽、果树、园地等，可以满足市民体验农事的需求，也可以提高农民的收入，是乡村休闲旅游发展中产品创新的重要切入点。CSA 模式示意图见图 3-3。

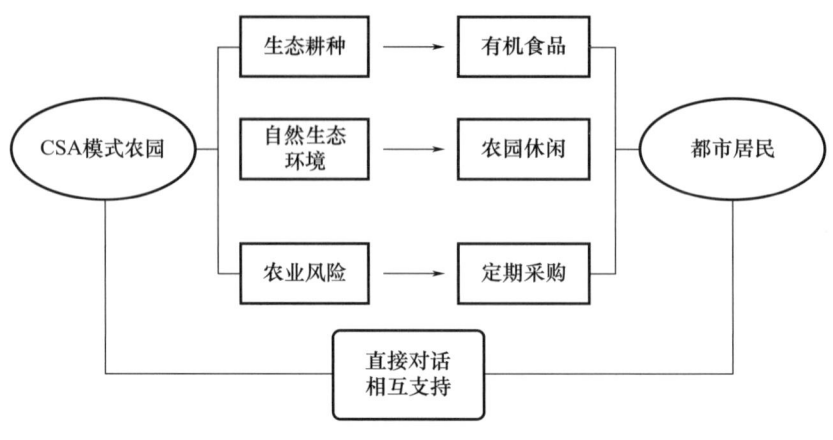

图 3-3 CSA 模式示意图

二、乡村休闲旅游产品创意设计

（一）乡村休闲旅游产品创意设计的内涵及策略

创意是创造意识或创新意识的简称，是指对现实存在事物的理解以及认知所衍生出的一种新的抽象思维和行为潜能。创意产业是指那些从个人的创造力、技能和天分中获取发展动力的企业，以及那些通过对知识产权的开发可创造潜在财富和就业机会的活动。"创意产业"一词最早出现在1997年，当时英国首相布莱尔组织成立了"创意产业特别工作小组"。1998年该小组在《英国创意产业路径文件》中率先对"创意产业"的概念做出界定："创意产业是指源于个体创意、技巧及才华，通过知识产权的开发与运用，具有创造潜在财富和就业机会的产业。"

创意产业的门类有很多，通常包括广告、建筑、艺术和古董市场、手工艺品、时尚设计、电影与录像、交互式互动软件、音乐、表演艺术、出版业、软件及计算机服务、电视和广播等。此外，还包括旅游、博物馆和美术馆、遗产和体育等。创意农业就是对农业生产经营的过程、形式、工具、方法、产品进行创意和设计，从而创造财富和增加就业机会的活动的总称。它把人们对传统农业的基本温饱需求，提升到对现代农业的休闲娱乐、观光旅游等多种附加值高的复合型需求，实现了农业的增值与增效。创意农业是21世纪新兴的农业产业，是创意的理性思维与农业结合的产物，是一种基于农业发展的新型科技成果。创意农业结合新型创新思维逻辑与科学的发展，将人文要素适当地融合到农业生产发展中，以摆脱传统农业生产发展的束缚，最大限度地发挥农业发展优势。创意农业以美学经济理论为指导，将农业与美学相结合，以增加农产品附加值，不断改善农业发展新模式，重新建设农业生态环境，拉动农业经济发展。

目前，我国乡村休闲旅游借助创意理念的思维逻辑，采取不同的创意手段，已呈现出创意休闲方面的创新特点。乡村休闲旅游创意开发的主要策略如下：

1. 以政府为主导，规范健康发展

《全国乡村产业发展规划（2020—2025年）》提出，乡村休闲旅游要坚持个性化、特色化发展方向，以农耕文化为魂、美丽田园为韵、生态农业为基、古朴村落为形、创新创意为径，开发形式多样、独具特色、个性突出的乡村休闲旅游业态和产品。乡村休闲旅游的创意开发，应当充分发挥政府的主导作用，通过政策的支持和引导，为乡村休闲旅游的创意开发提供依据和保障。在整治"大棚房"后，乡村休闲旅游在用地政策的约束下瓶颈凸显，其中，重建设、轻创意的问题极为普遍。因此，不如突破用地条件的思维，从创意着手，发挥农业资源优势，打造出具有观赏、体验、研学价值的项目，从满足游客的物质需求转向更高层次的精神需求。

2. 以需求为导向，细分目标客户

随着乡村休闲旅游规模的日益扩大，竞争加剧，因此，乡村休闲旅游经营主体要不断开发新市场，以适应乡村休闲旅游发展的新趋势。以顾客的需求为导向，通过现场访谈、问卷调查等方式对顾客的需求进行调查，最终的目的是确定创意开发的对象。大多数情况下，乡村休闲旅游经营主体无法将自己产品的功能丰富至可以服务于对同类产品有需求的所有客户的程度，因此需要针对特定客户提供有特定内涵的产品价值，即确定目标客户群体。在此基础上，还需要对这个范围较大的目标客户群体按照不同的依据进行二次细分，如以地理、人口、心理等因素作为细分依据。

3. 以融合为特征，重塑产业链条

产业融合使得原有产业的产业链与价值链发生了迁移，多个产业的产业链与价值链的各环节进行了重新组合，这一切具体过程的发生，需要一个良好的外部支持环境，比如企业的创新精神的激励，知识产权的保护，产权交易市场、信息、技术、法律等服务的支持。此外，产业融合不可避免地要求改变产业管制的框架，尽快形成条块结合的、辐射联系的管制模式，打破部门分割及行政垄断的局面，打破部门、行业、城乡的界限，形成统一开放的市场，在产业间形成合理的经济联系，加快推进产业间的融合进程。乡村休闲旅游是农村一二三产业融合的新兴产业，乡村丰富的"三农"资源为乡村休闲旅游提供了素材，通过文化创意赋能，带动乡村美食、民宿、农产品、手工体验、伴手礼等业态融合，形成产业联动，推动乡村产业价值链的提升。与此同时，传统与现代的融合，生产与生活的相互交融，都是创意产生的途径。

4. 以文化为底蕴，彰显农耕文明

乡村休闲旅游创意开发，必须以文化尤其是农耕文化作为底蕴，把农业传统文化自然而然地融入其中。农耕文化是人们在长期农业生产中形成的一种风俗文化，包含农耕物质文化和农耕精神文化两个方面。农耕物质文化指的是耕作制度与技术、生产工具、民族服饰等物质形态，农耕精神文化则是指农耕谚语、民歌、乡村文学等精神层面的内容。乡村休闲旅游创意开发，就是要利用现代技术手段，对农耕文化进行展示和重塑，适应现代人回归自然，沐浴农耕文明的需求，最终推动乡村休闲旅游持续、健康发展。

(二) 乡村休闲旅游产品创意设计的来源、途径及方法

乡村休闲旅游产品创意，就是以农产品为基质或素材，进行文化创意加工，使其改变形状、性质，从而产生艺术价值，并实现增值。

1. 产品创意设计的文化来源

（1）产品本身：如压花、米塑、豆塑、麦秸画、玻璃西瓜、五谷画、南瓜灯、蛋壳画、葫芦画、根雕、晒字果、盆景等农业艺术产品，见图3-4～图3-6。

图3-4　黄杨根雕

图3-5　米塑

图3-6　盆景芹菜

（2）种养文化：指有关农产品的起源、发展过程的文献及故事，以及种植养殖的经验传承、各种生产技术文献，见图3-7。

图3-7　稻米起源的展示

（3）历史文化：包括和农产品有关的传说、故事、名人与农产品的关系、歌谣、史料及诗词等。例如，北京的京西稻，始于三国曹魏时期（京西海淀）建渠种稻，发展于清朝推广种植，历经康熙、雍正、乾隆三朝130多年的稻作经营，完成了京西稻南稻北栽（种植、选育、定型）的过程，并由此形成了独特的皇家"御稻米"稻作文化，即京西稻作文化（图3-8）。

图 3-8　京西稻田画

（4）饮食文化：指一种农产品饮食调制的方法及类型、饮具、食器的种类，食物原料、菜谱、加工工艺，食用的环境及仪式等，以及记载这些的文献（图3-9）。

图 3-9　菊花宴

（5）民俗文化：包括当地人的生产习俗、各种农事节庆、当地人的禁忌、各种生活习俗以及自然崇拜等。例如，吃敛巧饭是北京市怀柔区琉璃庙镇杨树底下村流传了180多年的古老传统民俗。每到正月十六前夕，村中少女会到各家敛收食粮、菜蔬，等到正月十六这天，再由成年妇女将其煮熟，供全村人共食。其间，锅内放入针线、铜钱等物，吃到的人便证明求到了巧艺及财运。"巧"字是当地人对麻雀、山雀等鸟的别称。

人们在吃敛巧饭之前，还要举行扬饭喂"巧"（雀）、走百冰、花会表演及唱大戏等活动。一百多年来，此项民俗活动代代沿袭、传承不断，村民亲切地称之为"巧饭"。杨树底下村敛巧饭的风俗历史悠久，具有鲜明的地域特色，是春节民俗活动的组成部分，反映北京地区独特的传统文化形态。

2. 产品创意设计的途径

（1）自主创意：是由乡村休闲旅游经营主体的研发部门或自己对产品进行改良。一般要有足够的人力和财力，同时也要求研发者有较强的创新意识和创意设计能力。

（2）委托创意：是指由乡村休闲旅游经营主体委托高校、科研机构或规划公司对产品进行研究开发。北京农业职业学院"赵家务村科技小院"团队设计的伴手礼见图3-10。它适用于规模较小、资源有限以及研发能力不足的经营主体。

图 3-10 "赵家务村科技小院"团队设计的伴手礼

（3）联合创意：是指各乡村休闲旅游经营主体之间将资金、技术等资源联合起来共同创新，共享研发成果。它适合于志同道合的乡村休闲旅游经营主体之间进行合作，避免了恶性竞争。

（4）借鉴创意：是指乡村休闲旅游经营主体对其他同行的产品进行研究，从其中的一个点或者一个表现出发，借鉴其成功之处，对自己的产品进行改进。这种创意途径要特别注意避免商标、地理标识等涉及知识产权的问题。

3. 产品创意设计的方法

（1）头脑风暴法。头脑风暴法由美国学者亚历克·奥斯本于1938年首创，之后从美国推广到全球，成为人们发明创造与改善活动的一种方法，也是一种利用小组活动，大量激发与搜集创意的有效方法。组织可以通过头脑风暴法发掘群体中原本深藏不露或潜在的主意与点子，以保证群体决策的创造性，提高决策质量。乡村休闲旅游产品在进行创意设计时，可根据需要召集相关人员，如专家、学者、企业人员等，在会上广泛地征集参会人员的想法和建议，鼓励提出创意，不得批评参会人员的意见，会议结束后进行分析、研究，并做出决策。

（2）逆向头脑风暴法。这是一种将焦点集中在反对意见上从而获得新创意的小组座谈会形式。在实际操作中，就是让小组成员对某种乡村休闲旅游产品的创意进行质疑，禁止提出肯定意见，一直进行到没有问题可以质疑时为止。在质疑过程中，小组成员可以提出新的设想，包括对所质疑的设想无法实现的原因的论证、限制因素等以及排除限制因素的建议等，质疑中的所有评价意见和可行设想应专门记录或编制成一览表。最后，对所有意见和可行设想进行评估，从而形成缺点最少、最有可能解决问题的方案。

（3）德尔菲法。德尔菲法也称专家调查法，是1946年由美国兰德公司首创并实行的方法。其本质是一种反馈匿名函询法，在乡村休闲旅游产品创意设计中，用通信方式将所需解决的问题单独发送到各个专家手中，征询意见，然后回收汇总意见并整理出综合意见。随后将综合意见和预测问题反馈给专家，并再次征询意见，各专家依据综合意见修改自己原有的意见，然后汇总。这样多次反复，逐步取得比较一致的预测结果的决策方法。这种方法的关键在于专家之间不能相互讨论，不能进行联系，每一位专家都要独立给出自己的判断。

三、乡村休闲旅游产品体验设计

体验经济在企业营销中的应用屡见不鲜。如厂家以免费体验产品的形式吸引消费者亲身体会产品的性能，通过营造舒适的体验空间，或提供体贴周到的服务，使消费者对产品的价值认识超出其本身的性能，从而欣然购买。同样的现象如去茶馆消费，优雅的环境、古典的音乐、精湛的茶艺，给消费者带来美好精神享受，消费价格也随之成倍增长。在体验经济的视角下，消费者不再限于购买产品后所获得的使用体验，更加注重产品生产过程中所获取的美好体验，即生产与消费过程的同步性体验。

从乡村休闲旅游的特性来看，其不仅可以依靠生产农产品直接获利，而且可以将农业生产过程、自然生态、农村文化和农家生活都变成商品出售，城市居民通过身临其境地体验农业、农村、农民资源，满足其愉悦身心的需求。从这点来看，乡村休闲旅游的特性与体验经济的思想呈现高度的一致性。因此，乡村休闲旅游产品创新可以通过设计丰富多样的体验活动吸引消费者参与其中，从而提升消费者的消费质量，同时也为经营者带来收益。

（一）乡村休闲旅游体验的特点

乡村休闲旅游体验的目的不仅仅是欣赏，更多是参与、融入，它是通过营造乡村特有的自然和人文景观，以农业生产、农民生活、农村生态等"三生"资源为基础，为消费者提供乡村生产、生活的空间和设施设备，创造能够使消费者参与、值得消费者回忆的乡村旅游活动。与观光型乡村休闲旅游相比，乡村休闲旅游体验具有以下特点：

1. 活动空间相对集中，景点差异不大

观光型乡村休闲旅游活动中的消费者对景点要求多样化，景点之间的差异性要求较大。乡村休闲旅游体验活动空间相对集中，景点之间的差异性要求不大，强调体验活动的特色。

2. 消费者逗留时间长，易融入乡村

观光型乡村休闲旅游活动中的消费者大多走马观花，因此在各景点的逗留时间比较短。乡村休闲旅游体验活动中的消费者由于要参与乡村旅游活动项目，因此逗留时间比较长。

3. 消费者主动实践，对乡村文化的理解更透彻

观光型乡村旅游活动中的消费者是以旁观者的身份体验乡村文化，因此对乡村文化的理解往往停留在表面，转瞬即逝。乡村休闲旅游体验活动中的消费者亲自参与到活动过程中来，身体力行，动手动脑，对乡村文化的理解更为透彻。

4. 教育功能突出，娱乐性更强

参与观光型乡村休闲旅游活动的消费者对农业知识的掌握仅限于被动地获取，对农业技能的掌握更是无从谈起。而参与乡村休闲旅游体验活动后，经营者通过指导消费者亲自操作和使用农业设备工具，使消费者不仅能够切实掌握劳动技能，培养劳动意识，还在操作的过程中获得了更多的乐趣。

（二）乡村休闲旅游体验的类型

高度的参与性和互动性成为乡村休闲旅游与体验经济的重要结合点。以"体验经济"的理念创新乡村休闲旅游，设计和开发适当的体验活动，会更好地满足消费者的休闲消费需求，提高乡村休闲旅游企业的竞争力。乡村休闲旅游体验活动的类型主要有以下几种：

1. 审美体验

乡村休闲旅游体验是一种审美活动，也是一种体验农村自然美、生态美、生活美的过程。乡村没有固定的模样，这种自由生长的态势，基于大地的属性，可以美得不单调、美得有特色。与此同时，城市正在发现乡村的美，反哺乡村的活力。乡村美学也正在以独特的文化温度吸引着城市居民。当生活达到一定阶段，人们会渴望更高阶的精神滋养，博物馆、艺术馆带来的文化浸润，让每一个徜徉其中的人身心舒展。而艺术、文化，从来不局限于某一种形式，当它与乡村嫁接，自然的冲击力，足以吸引人们的目光，让人们产生驻足、探索的意愿。

2. 回归体验

当代都市人在现实生活中承受了太多的工作压力和生活压力，相比于城市，农村更为宁静、淳朴，没有早晚高峰的拥堵，没有嘈杂的噪声污染。当他们在农村种上无公害的蔬菜，呼吸更新鲜的空气，沉浸在乡村生活、农事生产等乐趣中时，也短暂地忘却了

城里工作和生活的烦扰，获得一种全身心的解脱。不管城市发展得如何繁华，乡村依然不会被时代抛弃，久居城市的人们回归乡村，跟大自然亲近，去体验有别于城市喧嚣的另一种平和简朴的乡村生活，能够调节心境、压抑烦躁的内心。

3. 美食体验

民以食为天，伴随着人们对健康饮食方式的日益推崇，绿色消费成为时尚热点，城市居民也越来越崇尚生态自然、简单朴实的乡村美食。乡村美食将浸润在乡村空气、水和土壤中的食材，变成独具创意的味道，体现了民众的生活美学和对美好生活的向往。由于地理环境、气候物产、风俗习惯的不同，各地区、各民族的饮食呈现不同的特色，并由此形成了诸多风味，比如"南米北面""南甜北咸""东酸西辣"等。各种食材、调料和烹饪技法，恰当组合即可制作出不同风味的乡村美食。凝结着浓浓乡情的乡村美食，让城市居民从心动到行动，纷纷前往乡村品尝特色乡村美食，满足味觉享受，品尝"家乡味道"成为他们前往乡村的主要动力。

4. 教育体验

放下书本，走出学校，亲近大自然，是一种有别于学校传统教育的有效学习方法。中小学生通过亲身观察农作物、参与农事劳作等，既可以印证书本中学到的知识，又可以学到书本中无法学到的知识。例如，学习农作物的种植技术、水果的采摘技术以及了解各种蔬菜水果的营养价值等。乡村休闲旅游体验除了可以增强消费者对农作物的感性认识和生态环境的保护意识，还可以提高他们热爱大自然的兴趣，丰富他们人生的阅历。

5. 娱乐体验

在体验中，经营者为消费者提供劳作工具，示范劳作方式，手把手教导他们从事农业生产、农家饮食的技巧，与消费者进行城乡生活文化方面的直接沟通交流。在这种互动实践中，消费者自身心理和生理状态的某种匮乏可以在体验活动中得到一定程度的补偿，愉悦身心。而一些依据农事活动设计的竞技比赛更是带给消费者直接的快乐。体验经济的娱乐价值在乡村休闲中得到了充分的体现。

（三）乡村休闲旅游体验设计的原则

1. 特异性原则

在进行体验活动设计时应力求独特，要给游客耳目一新的感觉。乡村休闲旅游活动是有别于人们日常生活的另类体验，只有那些城里人平日无法切身体验的活动才具有吸引力。有时候体验活动的设计可以超越现实，让游客有充分的体验空间。例如，经营人员可以配合体验的主题、氛围身着特定的服饰，以便更好地营造体验的情境。此外，体验活动的设计可以同创意农业结合起来，通过共享创意农业的成果，将其合理地引用到体验活动设计中，促进创意农业的成果转换，提升其市场价值。只有进行体验活动设计的不断创新，才能满足游客的新鲜感，带来更多的回头客。

2. 参与性原则

乡村休闲旅游体验活动区别于农业观光的重要方面是游客更多的积极参与。体验活动一定要让游客主动参与。因此，在活动设计时要为游客参与提供必要的缺口，如在节庆活动中留出游客参与的角色。此外，各种动植物的认养活动也是参与性原则的具体体现。在乡村休闲旅游规划时开辟出小块土地让游客种植农产品，收取适当的管理费，经营者帮助游客进行日常管理，收获季节游客即可来品尝或处理自己种植的农产品。动物认养亦是如此，游客可不定期照料自己认养的动物，与之交流互动。

3. 协调性原则

乡村休闲旅游体验活动必须与当地农村的自然环境或人文环境相协调。例如，进行体验空间分割设计时，采用篱笆墙而不是石板墙。又如，我国南北乡村文化差异较大，南方纤巧精致的小园意境如果生硬地照搬到北方，显然会与北方粗犷豪放的格调不相符合。此外，体验项目、景观营造确立的主题，应与特色农业资源相一致，否则会给人突兀的感觉，甚至会让人感觉不伦不类。

4. 科技性原则

将最新的农业技术和农业成果与乡村休闲旅游相结合，设计多种类型、风格的休闲体验活动和产品，以满足不同游客的需求。例如，通过展示无土栽培繁殖的农作物、嫁接的农作物增加游客的感性认识；通过开发设计软件，将现代农业科技知识融入电脑游戏之中，让游客进行人机互动等。除此之外，可以利用科技手段在体验产品设计时加入感官的刺激（视觉、听觉、味觉、嗅觉、触觉），使游客增加体验的真实感，并适时进行体验产品的更新和换代。此外，利用技术手段保证体验产品在设计和游玩中的卫生、环保等也特别重要。

5. 文化性原则

我国农业生产历史悠久，民族众多，各个地区的农业生产方式和习俗有着明显的差异，文化资源极其丰富，在进行乡村休闲旅游体验活动设计时要充分挖掘当地的文化资源，包括文化遗存、自然生态、文化底蕴等，对其进行整理、包装后，设计出游客可以亲身感受的体验产品。在体验活动设计时融入文化元素，一方面可以提升乡村休闲旅游体验的档次，另一方面也是对农耕文化、民俗文化的保护和传承。

（四）乡村休闲旅游体验设计的程序

1. 进行资源评价，提炼主题

乡村休闲旅游体验的主题是经营者对自身产品和服务特质的把握，是对乡村休闲旅游资源特色的集中和提炼，也是体验型乡村休闲旅游市场差异化的重要基础。充分挖掘当地农业资源及乡村文化设计有主题特色的体验活动，可加深游客的印象。乡村休闲旅游体验可以有多姿多彩的体验主题，如草莓节、插秧节、葡萄节等。将农业生产场所、农产品消费场所和乡村休闲场所有机地结合在一起，开展观赏、采摘、品尝、绘画、摄影、庆典等主题活动，可以让游客全面体验农业休闲的乐趣。因此，在进行体验活动设计之前设计者需要对当地的农业生产、农民生活、农村生态资源进行综合评价，特别要注意依托已经具有一定产业基础，形成一定产业规模，占有一定市场份额的特色产业。此外，在设计体验主题时需要设计者充分发挥想象力，体验活动设计得越独特，对消费者的吸引力就越大。

2. 规划功能分区，进行体验游程设计

有了好的主题，还要有好的内容去体现和填充。体验内容由活动的各个片段、情境和人物构成，并用一定的线索串联起来形成一个完整的主题。为了便于游客选择和统筹，有必要进行体验活动区的规划，并且在每个体验活动区，明确说明体验活动事项名称，配备专人进行示范讲解，提供必要的农具，指导游客亲身体验。体验活动区之间有交通工具为游客提供方便，同时应有鲜明的路牌指示。总之，应以体验活动为主，将游客的集合点、用餐点等有机结合起来，形成一次完整的体验游程。借助天时、地利、人和，从游客到达目的地到离开，合理的体验游程设计会为游客带来愉快的全方位体验，有助于提高经济效益。

3. 搭建体验场景，营造体验气氛

要利用现有的体验资源搭建体验的场景和"舞台"，营造真实的体验场景和气氛。一是进行体验空间的营建。包括营建人文活动体验空间，如农村公共休闲空间；营建生态景观体验空间，如农村的古树、绿竹、灌木等。景观营造要遵循修旧如旧的原则，保持原有的乡村风情、民族传统和历史风貌，突出以人为本，人与自然和谐共生。可以在挖掘民俗文化底蕴的基础上，设计乡村民居、手工作坊等若干场景。二是进行体验气氛的渲染。可制作与体验项目风格一致的背景音乐，加之身着特定服饰的服务人员韵味十足的示范表演，为游客营造出身临其境的最佳氛围。除了调动游客的视觉和听觉，还应该全面调动游客各种感官参与，让所有人都成为体验活动的"演员"，参与表演。

4. 活动策划，注重体验产品延伸部分的设计

农村地貌风情的观光、农作物的观赏等只是体验活动的类型之一。设计者要围绕主题，进行整个活动的策划，利用传统手段和高科技手段提高游客体验的主动性。此外，"酒香不怕巷子深"的观念已一去不返，为了更好地将体验特色宣传出去，有必要通过各种途径开展市场营销。此外，可利用互联网技术进行网络营销等。为了提高乡村休闲旅游综合体验效益，加深游客对体验经历的体会和回味，除了对核心体验产品进行设计，还需要对体验活动的延伸部分进行设计，如体验活动纪念品的设计等。

（五）乡村休闲旅游沉浸式体验的打造

近年来，国内外各景区、主题公园等纷纷布局沉浸式体验项目，极大地丰富了游客的旅游体验。它是对传统走马观花游的一种颠覆，在越来越多智能化和科技化的未来，沉浸式体验将成为旅游产品中的重要一环。沉浸式体验是指利用环境渲染、场景塑造、

内容 IP 等，通过全景式的视、触、听、嗅觉交互体验，使受众在与现实世界存在有限边界的物理空间进行互动性体验的娱乐项目，最终达到"身临其境"的感觉。

沉浸式体验具有四个方面的特征，即目标性、交互性、差异性和科技性。目标性是指要思考让参与者在沉浸式体验的过程中达到什么样的目标，这样更具针对性；交互性是指在沉浸式体验中对不同要素进行交互设计，增强场景的互动性；差异性是指结合自身实际情况去创新，让参与者有种全新的体验感知；科技性是指要结合虚拟呈现技术，让参与者的情感、体感、视觉获得沉浸式体验。沉浸式体验于 20 世纪 50 年代开始萌芽，其发展历程基本围绕技术发展和场景延伸两条主线不断推进。在技术方面，XR 技术的普及和创新为沉浸式娱乐发展奠定了基础；在场景和产品端，1955 年迪士尼全球第一个主题公园的落地，标志着线下沉浸式实景娱乐的出现。

1. 我国沉浸式体验市场快速发展的原因

（1）虚拟现实、人工智能、多媒体等新技术的发展。AR（增强现实）、VR（虚拟现实）、MR（混合现实）、3D 全息投影、动作捕捉等数字技术以及人工智能的不断发展，为新型数字文旅体验提供了技术支撑，使沉浸式旅游产品营造的交互感、场景感、代入感更强。例如，沉浸式旅游演艺，借助 AR、VR、MR 等先进技术，让观众通过"视、听、嗅、味、触"来欣赏演艺活动，通过场景感营造、故事线构建、互动活动设计等，极大地拉近观众与演员的距离，将观众带入故事情节中，观众甚至可以不受限制地游走于舞台场景中，通过"角色扮演"的方式参与到表演中来，推动剧情发展。又如沉浸式餐厅，借助全息投影、裸眼 3D、VR/AR 等技术，通过环形拼接和地板投影等方式，在餐厅四围进行投影，将画面、声音、灯光等元素搭配，营造出高度真实的模拟场景，让游客多角度、全身心融入其中。游客可以坐在沙漠、雪山、海底用餐，还有鸟语花香、风声海浪做伴。再如沉浸式酒店，一般以 IP 和文化为核心，通过场景塑造、文化氛围植入、特色活动等让游客进入虚拟世界或酒店所表达的主题环境。游客入住酒店后，可通过 VR 投影等技术，将房间投影成任意一种主题世界，游客通过智能手机应用对投影进行控制，同时将房间元素与投影同步，感受到灯光、床等随着波浪移动的交互体验，沉浸在自己的虚拟世界中。

（2）新时代的消费者更加追求高品质、体验性、文化性的旅游产品。目前国内文旅产品的消费者呈现出年轻化、国际化、个性化的趋势，其审美水平和对产品的要求不断提升。据统计，2019 年初我国中等收入群体已超过 4 亿人。另一个 4 亿人群是"90 后"，作为充满自信、创意的一代人，他们是未来市场消费的主力。中等收入人群已经解决了温饱，所以需要高品质的产品，需要丰富的精神享受。"90 后"人群对互联网生活的依赖性很强，线上互动方式虽然满足了年轻人对娱乐产品的便利，然而身临其境、全方位的体验感还是略微逊色，越来越多的年轻人将社交与体验放到线下空间，互动性、代入感强的娱乐体验是他们的首选，浸入式戏剧、实景剧本杀、密室逃脱等正在吸引大批的 Z 时代消费者。以"剧本杀"为例，它具有休闲、社交、个人表达等属性，加上融故事、环境、服务于一体的体验优化，满足了年轻人的社交需求和新奇体验。尤其是故事框架虚构了时空，遮蔽了真实身份，从某种意义上来说，这也是解决关系紧张、释放情绪的一种方法。

（3）商业空间、文旅目的地的升级发展创造了沉浸式体验产品嵌入的契机。国内线下商业空间、文旅目的地面临着重新升级和改造的迫切需要，对IP、内容引入有着强烈诉求，亟须突破传统式的旅游娱乐新产品来实现提质增效。沉浸式体验娱乐产品较高的内容和流量属性，对引流有着至关重要的作用，尤其是在"去门票"趋势下，引入沉浸式体验娱乐产品将成为丰富产品构成的有效途径。例如，长安十二时辰沉浸式旅游演艺（图3-11）。又如，江西婺源熹园景区通过设计穿越剧情，让游客扮演"穿越"的角色，通过完成任务体验熹园寻觅之旅。相比传统的游园活动，这种基于文化底蕴的故事体验，自然会给游客留下难以泯灭的记忆。

图3-11　长安十二时辰沉浸式旅游演艺

（4）"沉浸式"相关政策的不断出台，为推动沉浸式体验旅游提供了政策指引。我国的沉浸式产业已有八年多的发展历史，《2017年度大众生活消费趋势洞察报告》披露，沉浸式体验的搜索增长量为3800%，并在此后长期保持良好的增长态势。截至2019年12月10日，全国已有近1100家沉浸式核心企业。随着市场认可度的提升，国家层面陆续出台了相关政策给予沉浸式产业大力支持。2020年7月，在文化和旅游部产业司的指导支持下，国家文化科技创新服务联盟牵头成立了沉浸式文旅新型业态培育平台，并提出到2021年要通过平台培育30个示范项目和10个孵化基地，到2023年要培育100个示范项目和30个孵化基地，在三年内要带动投资60亿～100亿元，实现文化新型消费产业集群产值200亿～300亿元，促进就业增长3万～9万人。由此可见，未来沉浸式旅游业态将是国家政策鼓励发展的方向。沉浸式体验旅游产品是沉浸式业态在文旅行业落地的重要形式，是旅游产品迭代升级的方向，也是新型消费方式的引领方向。

2. 乡村休闲旅游沉浸式体验的类型

随着乡村休闲旅游市场竞争的变化，消费者的需求越来越多样化。从看景、美食、住宿到参与、体验、休闲，不仅是为游客打造互动性、娱乐性、体验性和参与性等融为一体的项目，更是要全方位触发游客在赏、采、尝、学、憩、养、淘、归中的沉浸式体验。乡村休闲旅游的沉浸式体验是一种正向、积极的心理感受，会给参与者带来极大的愉悦感，即使是从事重复活动也不会感到厌倦。乡村休闲旅游的沉浸式体验主要有以下几种类型：

（1）沉浸式农事体验

沉浸式农事体验，是乡村有别于城市生活的特色体验活动，也是乡村消费的特色。以农事体验为核心，能够衍生出包括蔬果采摘、手工加工工坊以及特色课程等一系列相关活动，实现乡村场景化消费的全过程体验。特别是一些农业研学基地，通过丰富的农业研学课程设计，将沉浸式农事体验作为农业研学的特色。以稻米农事体验项目为例，采收前后可以开展的体验项目见表3-1。

表3-1 稻米农事体验项目

采收前的体验项目	采收后的体验项目
认识稻种、插秧比赛、秧苗盆栽、割稻比赛、打谷机脱壳、晾晒稻谷、稻田景观拍照、二十四节气讲解互动、稻作农具操作、脚踩龙骨水车等	认识糙米、制作米食（如粽子、年糕、竹筒饭等）、制作稻草人、稻草编织、稻草迷宫、米雕、米画、堆稻草等

此外，元宇宙作为虚拟世界和现实世界融合的载体，给社交、内容、游戏、办公等场景的变革带来了巨大机遇，而农事体验就是元宇宙＋农业的重要突破口。可把真实的耕作、农田管理等场景用VR、AR等多种技术呈现出来，打造一种新的农事体验，还可借助元宇宙等相关技术与定制农业、订单农业、休闲农业等模式相结合，形成线上虚拟种养与线下实体农业基地深度融合的元宇宙农场。游客除了线上体验，还可以租用专属农场，享受线下收获，就像线上线下互动的"开心农场"。山东寿光、四川马边等地已经逐步在开展数字孪生农场赋能"认养农业"试验。

（2）沉浸式景观体验

乡村景观作为乡村休闲旅游吸引游客的重要资源，包括大地艺术自然景观、乡村道路景观、乡村小品景观及乡村建筑。

沉浸式景观体验，不是走马观花地打造一些"网红"景观，而是要拓展多界面的深度体验，将景观与科技智能相融合，营造出的人景互动的场景体验。随着科技的进步，越来越多的科技手段被应用到乡村景观的设计中，带给人们的不仅是视觉、听觉、嗅觉、触觉、味觉等感官上的感受，而且包括场所空间所带来的喜悦、舒适、好奇、安全、紧张、压迫等心理感受。例如，江西婺源的"山村奇妙夜"就以篁岭古村落"水口林"的自然山水为依托，以村落规划选址中的习俗等地方文化为核心，结合全息技术和声、光、电装置、环境艺术，将全息裸眼3D、多媒体光影与篁岭原生态丛林、梯田风光相融。由此产生的时光隧道、花田飞舞等震撼视听的绝美光景向广大游客展现了篁岭本土的民俗文化和自然风貌的原生地吸引力。

(3) 沉浸式住宿体验

国内民宿行业对新生的"沉浸式体验"住宿场景，应变显得更为迅速。"剧本杀＋酒店"等沉浸式体验把年轻人时下喜爱的流行元素与酒店结合，打破了以往"标间"住宿的刻板印象，通过沉浸式体验，给住宿提供了更多有趣的可能性。

大数据显示，截至 2021 年年初，全国剧本发行达到 1000 家，剧本杀店达到三万家，其市场规模预估达到百亿元。城市酒店融入形式以品牌合作为主，剧本杀品牌提供剧本，酒店打造运营线下场景；景区内酒店将酒店作为沉浸式体验的一部分，具有地方文化特色的景区成为"剧本杀"线下沉浸式体验的文化支撑，打造爆款 IP，为景区带来流量。相对于酒店来讲，民宿入局"剧本杀"比较简单，因为民宿的住宿单元更为具体，足够宽敞，布局更加开放，更易打造沉浸式场景，让用户能够通过住宿真正融入剧本中。

(4) 沉浸式手工体验

沉浸式手工体验不是简单的手工项目制作，而是在一定空间运用特定设施、资源，结合场景，形成的手工艺品制作体验。2022 年，文化和旅游部等十部门发布的《关于推动传统工艺高质量传承发展的通知》提出，应持续推动传统工艺发展成果人民共享，不断增强人民群众的参与感、获得感、认同感，切实推动传统工艺的传承发展、长久保护和永续利用。

沉浸式乡村手工体验打造的策略：

一是融人于景，建立制作工艺同工坊场景的关联。在进行沉浸式乡村手工工坊的场景布局规划时，应将乡村的自然环境纳入考虑范畴。人同场景不应该是割裂的，而应该是对话式、探索式、交互式的。这要求在场景搭建的过程中，可适当增设落地窗、天窗、玻璃门或其他相关设施，保证自然环境在场景中适当露出，成为场景的一部分。也可直接采取露天营地的场景搭建模式，让自然环境成为沉浸式乡村手工工坊的场景本身，让场景中的人能看到自然、摸到自然、呼吸到自然。例如，2021 年 10 月 20 日嵩明县举办的"兰茂文化"城市品牌推广活动，便是将手工工坊搬到自然之中，让身着古装的游人来客行于田野间，在大自然中呼吸，在花叶树木中沉浸，身体力行，感受草本香囊制作、面塑、糖画、扇面刺绣、团扇画、盘扣、茶品等"非遗文化＋手工制作"的独特魅力。

二是融情于景，建立体验感受同工坊场景的关联。在规划沉浸式乡村手工工坊的场景布局时，应坚持"以人为本"的理念，重视沉浸式的形式，重点关注游客的体验感的同时，有意识地建立游客体验同工坊场景之间的关联度，赋予项目更多的功能性指标，如教育作用、疗愈作用等。例如，在乡村结合农耕文化和非遗文化，开办研学基地、康养农庄、DIY 农副产品加工厂等，让游客在亲自参与手工工艺制作的同时，远离城市纷扰，感受乡村的清净。

三是融景于景，建立生活场景同工坊场景的关联。如果说场景搭建的目的是使手工工坊同沉浸式乡村主题自洽，那么融景于景的打造思路，便是利用周边衍生产品、特色食品、伴手礼品等看得见、摸得着、拿得走的实物，打通生活实景同工坊场景之间的阻隔，让两者形成一个有机融合的整体。

3. 打造乡村休闲旅游沉浸式体验的要点

（1）通过主题化探索差异化，促进乡村休闲旅游体验上的互补。旅游资源，特别是自然风光、民族风俗等资源的分布往往具有地理上的区域集聚性，同一区域或相邻区域往往具有相似的地理环境、历史文化等因素，乡村休闲旅游陷入同质化发展的窘状。因此，需要通过挖掘不同的主题来体现差异。

（2）最大限度地展示乡村原生态的自然环境、本色的生产生活方式。乡村休闲旅游的最大魅力在于其自然环境和人文环境的原真性，过多村民从事旅游接待和经商会导致目的地居民原有生产、生活方式的根本性改变，给传统、原始的村容村貌造成视觉污染。因此，要将尊重和保护乡村旅游资源的原真性纳入当地乡村旅游发展规划。

（3）在乡村生活的基础上融入鲜活的文化创意。文化创意不仅是对生活的热爱、对土地的情感、对自然的尊重，更是对有机农业、观光旅游、自然生态的产业联动。真正的文化创意既要激活农村产业，又要形成农村品牌优势。若想打造出能触动游客心灵的全新沉浸式乡村休闲旅游新业态，就要在核心要素中融入鲜活的文化创意，通过视觉、听觉、嗅觉、触觉给予参与者全方位的角色体验，多角度、多层次满足参与者的精神需求。例如，黑龙江北大荒集团闫家岗农场有限公司农业现代化示范区的稻田，应用5G核心网以及物联网、大数据、人工智能等技术，实现了农业生产的"感联智控"。游客到这里观光的同时，可以了解先进的农业科技，乡村休闲旅游玩出了"新花样"。

四、乡村休闲旅游节庆设计

我国的节庆活动有很多，总体上可分为传统节庆活动和现代节庆活动。汉族的传统节庆活动主要有春节、元宵节、清明节、端午节、七夕节、中元节、中秋节、重阳节；其他少数民族的传统节庆活动更是丰富多彩，如蒙古族的那达慕、傣族的泼水节、彝族的火把节、白族的三月街、哈尼族的扎勒特、藏族的酥油花灯节、拉祜族的月亮节、苗族的花山节等。

现代节庆活动则是随着社会的不断发展，为促进当地经济发展和文化传承所涌现的具有地域特色和现代气息的节庆活动。主要类型有：以工业产品为主题的节庆活动，如青岛国际啤酒节等；以物产为主题的节庆活动，如中国洛阳牡丹文化节等；以自然景观为主题的节庆活动，如香山红叶文化节等；以民俗文化为主题的节庆活动，如云南傣族泼水节等。据不完全统计，我国现有40000多个大大小小的节庆活动，其中，政府主办或主导的节庆活动有6000多个，而连续举办30年以上的中国节庆活动有100多个。

（一）乡村休闲旅游节庆的内涵及特点

乡村休闲旅游节庆，是以地方"三农"（农业、农村、农民）资源为基础，在特定区域内定期或不定期举行，具有特定主题的融旅游、文化、经贸于一体的综合性节庆活动。其特点如下：

1. 节庆活动的类型多样

乡村休闲旅游节庆按照主题和功能来划分，可以分为农事节庆活动、民俗节庆活动、文化节庆活动、观光采摘节庆活动、旅游节庆活动五种类型。举办者可根据不同物质载体进行节庆产品的策划和营销。

2. 节庆活动的季节性明显

由于传统农业旅游的季节性特点，以它为基础的乡村休闲旅游节庆活动对季节的依赖性较强。乡村休闲旅游节庆大多数集中在春季，其次是秋季，夏季和冬季的节庆较少。因此，举办者应该挖掘不同季节的节庆资源，围绕"春赏花、夏避暑、秋采摘、冬年庆"的思路组织策划一年四季的节庆活动，以保证客流的持续性。

3. 节庆活动的民间文化浓厚

乡村休闲旅游节庆活动会充分利用当地资源，通过挖掘民俗文化、物产文化、建筑文化、山水文化、田园文化等，为消费者提供清新自然的民俗风尚，领略奥妙无穷的民间文化的独特魅力。

4. 节庆活动的主题特色突出

我国地域辽阔，资源丰富，乡村休闲旅游节庆活动会以当地特色资源为支撑，以特色产业为主导，打造不同主题的节庆活动。总体而言，在乡村休闲旅游节庆活动中，花卉节庆主题类型所占比重最大，其次是旅游节庆主题和美食节庆主题。

5. 节庆活动的民众参与程度高

我国乡村休闲旅游发展进入了体验经济时代，民众的参与性是节庆活动的生命线。为了方便游客参与，乡村休闲旅游节庆的主办方在举办前期会通过多种形式进行宣传推广，在节庆举办期间会通过各种互动、娱乐活动提升游客体验感，最大限度地吸引民众参与。

（二）乡村休闲旅游节庆的功能

1. 拓展农业多功能，传承农耕文化

随着农业功能的拓展，农业不仅具有食品保障功能，而且具有原料供给、就业增收、生态保护、观光休闲、文化传承等功能。乡村休闲旅游节庆的发展离不开地域文化，独特的地域文化是节庆的灵魂。乡村休闲旅游节庆将当地的"三农"资源以节庆的形式进行挖掘和展现，通过节庆中的祭祀或仪式，营造历史厚重感；利用节庆活动的系列形式，如展览、研讨会、竞赛等，展现节庆主题的历史文化、科学价值和民俗文化等，并经过多次节庆重复，加以不断改善和提升。

2. 促进农产品销售，带动经贸发展

多数乡村休闲旅游节庆都会通过报纸、广播、电视、微信、网络、展销会等平台进行推广营销，尤其是以农产品为主题的乡村休闲旅游节庆，这样可大大提高该农产品的市场影响力，促进农产品销售，从而带动经贸发展。

3. 带动周边地区农民增收，刺激收入增长

乡村休闲旅游节庆的举办，可以吸引当地农民参与其中，促进主导产业增收，促进周边地区乡村休闲旅游产业的发展。

4. 改善当地基础设施，实现品牌推广

乡村休闲旅游节庆的主场地多在郊区或农村区域，通过举办节庆，可以完善所在农村区域的交通基础设施，进而以"节庆品牌"的模式进行持续推广，使得乡村休闲旅游节庆的举办地成为观光景点，成为展示农业现代化成就、城乡居民共享农耕文化的平台。

（三）乡村休闲旅游节庆的类型

1. 农事节庆

（1）农事节庆的内涵

对农事节庆的概念，我国学者尚没有统一的定义。观点一：农事节庆是"以农业、农俗、农事及相关资源为主题，为了达到特定的目标而于特定的时间、地点，有计划、有组织地举办的相关庆典活动和集会仪式"。观点二：农事节庆是"举办主体以本地农业相关资源为依托，以提高区域知名度，宣传当地特色农产品，促进当地农业及相关产业发展为目的，主动地创造事件或利用传统节庆，周期性举行的大型集会、庆典或仪式等的一系列活动"。观点三：农事节庆是以农业相关资源为主题，以促进农业及相关产业发展为目的，周期性举行的大型集会、庆典或仪式等的活动。

（2）农事节庆的类型

我国历史悠久、物产丰富，各地农事节庆的数量繁多，活动类型多种多样。农事节庆根据产品的种类可以分为果蔬类、花卉类、水产类、茶叶类、织物类等；根据农产品的生长过程可以分为赏花节、开采节、丰收节等；还有一些农事节庆结合我国的传统节日，在清明、端午、中秋等节日举办不同的节庆活动。根据农事节庆的产生过程可将之分为以下两类：

① 扩展延续型农事节庆

扩展延续型农事节庆是指在本地区原有农事节庆的基础上扩展活动内容、深挖已有内涵、联系更多相关产业举办的活动。该类活动一般有长时间的历史沉淀和丰富的文化内涵，能够更好地获得当地人的认同，通过进一步的现代商业包装和宣传推广能够很快地吸引外地游客，也能更好地吸引认同该文化的资本对当地投资。例如，杭州西湖龙井

茶开茶节就是以悠久的茶文化为背景，以开采茶叶的传统农事活动为基础，在采茶期间举办各种与茶相关的活动。

② 产品推动型农事节庆

产品推动型农事节庆是指本地区具有某些特殊的农产品资源，通过模仿或创新，"无中生有"地举办以该产品为核心的活动。该类活动多是由市场需求拉动的，目的在于以活动为载体满足市场对当地优质农产品的需求。更为重要的是，活动并非空洞无物，当地特色农产品和相关农业产业化的发展就是此类活动的实体。例如，江苏沙家浜阳澄湖大闸蟹美食节就是以蟹为媒，吸引游客前往品蟹观景；又如，中国杨梅之乡浙江余姚就是以杨梅为主打产品，吸引游客前往采摘。

2. 民俗节庆

（1）民俗节庆的内涵

民俗节庆是以各民族独特的民间风俗为主题吸引旅游者前来的融旅游、文化、经贸活动于一体的综合节日庆典。其内涵包括三个方面：首先，民俗节庆活动属于节庆的一种，专指以民俗为主题的节庆；其次，民俗节庆的目的是吸引游客到来，民俗作为一种旅游资源加以开发，是主要的旅游吸引物；最后，举办民俗节庆活动，间接的目的是通过举办活动扩大知名度，改善形象，促进举办地文化、经贸等活动，获得较好的经济效益和文化效益、社会效益。

（2）民俗节庆的类型

民俗节庆根据分类标准的不同有不同划分方法，根据不同主题可把民俗节庆活动分为三类：

① 物质民俗

主要包括居住、服饰、饮食、生产等民俗。例如，江西景德镇国际陶瓷节（主要活动有陶器展、陶瓷技艺表演、陶瓷古迹游）、潍坊国际风筝节（主要活动有国际风筝比赛、参观风筝博物馆、民间艺术表演）。这一类节庆以当地的物质文化作为主题，其物质文化一般具有特色和代表性，在当地和外界均有一定认同度，知名度较高。

典型案例 3-1

潍坊国际风筝节

潍坊国际风筝节是每年4月20日至25日在山东省潍坊市举行的，是我国最早冠以"国际"并被国际社会承认的大型地方节庆。

潍坊国际风筝节自1984年第一届开始至2022年，已经连续举办了39届。该风筝节以国际风筝运动赛事为主体，集风筝、文化、旅游、招商、外事、宣传等于一体，已成为全球规模最大的风筝文化节。每年万人风筝放飞表演、世界风筝锦标赛、全国运动风筝和夜光风筝邀请赛等知名赛事活动,就吸引了来自世界各地的风筝文化和运动爱好者,成为我国具有民族文化特色、具有广泛影响力的文化品牌,也成为潍坊对外开放的窗口、合作发展的平台和广大群众热切参与的盛大节日。其创立的"风筝牵线、文体搭台、经贸唱戏"的模式,被全国各地广为借鉴。

潍坊风筝可分为软翅风筝、硬翅风筝、串式风筝、板子风筝、立体风筝、动态风筝。多用竹子扎制骨架,高档丝绢蒙面,手工绘画。工艺与美术的结合,体现了风筝的玩赏价值。风筝是潍坊的象征,国际风筝节的举办,让世界了解了潍坊,也使潍坊更快地走向了世界,极大地促进了潍坊经济和旅游业的发展。

② 社会民俗

主要包括家族、村落等社会单位内部往来、组织、礼仪等习俗。例如,北京八大处重阳登山会(主要活动有重阳文化展示、登山比赛、红叶观赏)、福建湄洲妈祖节(主要活动有妈祖祭典、歌舞表演)、云南傣族泼水节(主要活动有孔雀舞、象脚鼓舞表演和泼水等)。这一类节庆主要从当地居民的生活习俗演变而来,有较强的历史传统。

典型案例 3-2

恩施女儿会

恩施女儿会也叫作土家女儿会,其举办时间一般为每年的农历七月七日至十二日。女儿会是湖北省恩施州土家族具有代表性的区域性民族传统节日之一,是一种独特而新奇的节俗文化。最初流行于恩施石灰窑、大山顶一带,如今已发展成全州性的民族节日。

土家女儿会保存着古代巴人原始婚俗的遗风,是偏僻的土家山寨中与封建包办婚姻相对立的一种恋爱方式,是恩施土家族青年在追求自由婚姻的过程中,自发形成的以集体择偶为主要目的的节日盛会。其主要特征是以歌为媒,自主择偶,通过对歌的形式寻找意中人或与旧情人约会,畅诉衷情。每一个参加女儿会的男子或女子都是唱歌的好手。参加女儿会时,青年女子会穿上自己最漂亮的衣服,佩戴自己最好的金银首饰,然后把用背篓背来的土产山货摆在街道两旁,自己则坐在倒放的背篓上,等待意中人来买东西。小伙子会在肩上斜挎一只背篓,如同漫不经心的游子一样到青年女子面前搭讪。双方话语融洽,机缘相投时,就到街外的丛林中去赶"女儿会",通过女问男答的对歌形式,互通心曲,一定终身。

③ 精神民俗

主要包括口承语言、行为传承、精神信仰等民俗。例如,广西南宁国际民歌艺术节(主要活动有大地飞歌晚会、中华民歌大赛、美食展)、浙江象山开渔节(主要活动有祭海仪式、开船仪式、投放漂流瓶、海岸观光游)、甘肃夏河拉卜楞法会（主要活动有晒大佛、祈祷、寺庙参观）。这一类节庆往往含有一定的精神内涵，特色鲜明。

典型案例 3-3

中国原生民歌节

2021年12月17日，中国原生民歌节在渝东南的彭水苗族土家族自治县蚩尤九黎城开幕。娇阿依、川江号子、侗族大歌等传统民歌悉数亮相。

中国原生民歌节每两年举办一届，是中国传统民歌及传统音乐类非物质文化遗产保护传承领域展示成果、交流经验、推动创新发展的文化盛会。2021年中国原生民歌节由文化和旅游部、重庆市人民政府共同举办，以"歌唱美好新生活"为主题，其间还举行了原生民歌展演、原生民歌进景区、学术研讨会、中国原生民歌文献特展等活动。

2021年中国原生民歌节前期累计收集到来自全国各地申报民歌展演节目249个，报名人数1300余人，申报数量超过往届。经遴选，共有38支展演队伍共184人参与现场展演。展演节目涉及各级非物质文化遗产代表性项目37个，其中，国家级非遗代表性项目23个。各级非遗代表性项目代表性传承人42人，国家级和省级非遗代表性项目代表性传承人10人。

渝东南地区地处武陵山区，人文自然资源丰富，是民族文化集聚地，产生了南溪号子、苗族民歌、酉阳民歌、秀山民歌、石柱土家啰儿调等传统音乐类国家级非遗项目，如太阳出来喜洋洋、娇阿依等一大批经典民歌传唱至今，经久不衰。

3. 文化节庆

（1）文化节庆的内涵

我国的文化节庆资源丰富，如少数民族节庆活动、宗教活动、历史文化、传统节日、节气风俗等，其中都蕴含丰富的传统文化，留存着人类独特的文化记忆。文化节庆是对传统节日的传承，发挥着融合民族情感、形成文化共识、积淀社会文化、促进商品交换的作用。

（2）文化节庆的类型

① 宗教文化节庆

宗教文化节庆与宗教祭祀等有关，其举办地一般具有悠久的历史和灿烂的宗教文化，属于区域宗教文化中心，如各地乡村庙会和在某些宗教圣地定期举行的敬拜活动。在综合性的文化节庆活动中，与宗教相关的节庆活动比较常见。例如，在河南嵩山国际武术节、湖北武当山国际艺术节等系列活动中，都会有一些佛教或道教的文化与艺术参与其中。浙江普陀山南海观音文化节则是纯粹意义上的宗教文化节庆活动。

② 历史文化节庆

历史文化节庆主要以当地的历史人物、事件、文化等为载体而举办庆典活动，此类节庆活动带有很强的纪念性意义。例如，中国曲阜国际孔子文化节始创于1989年9月，其前身是孔子诞辰故里游。该活动由文化和旅游部、教育部、山东省人民政府联合主办，济宁市人民政府、曲阜市人民政府联合承办，于每年孔子诞辰（9月28日）前后，在孔孟之乡、著名历史文化名城曲阜市举行。该活动主要以纪念孔子、弘扬民族优秀文化为主题，达到纪念先哲、交流文化、发展旅游、促进开放、繁荣经济、增进友谊的目的。

4. 观光采摘节庆

(1) 观光采摘节庆的内涵

观光采摘节一般由当地政府、旅游部门以及果业协会联合发起，在果树的花期或果期通过各种营销手段吸引游客来进行观花、赏林、采摘、农事体验等活动，是兼有观光的休闲活动。举办观光采摘节的地区，其果品在该区域内具有一定的知名度和栽培历史，在生长环境、品种、规模上具有很大的优势，这是举办采摘节的最主要的依存条件。

(2) 观光采摘节庆的类型

以北京地区为例，根据依托的资源可分为四类：

第一类，依托大规模的果园。如平谷国际桃花节、大兴西瓜节、通州葡萄采摘节。

第二类，依托知名景区。如京东大峡谷采摘节、凤凰岭自然风景区杏花采摘节、云蒙山金秋采摘节等。

第三类，依托特殊优质果品。如平谷区的北寨红杏采摘节，海淀樱桃采摘节，门头沟京白梨采摘节，这些地区果品本身的优势为人们所熟知。

第四类，依托多样化的游憩设施以及项目或者高新农业科技。主要是一些休闲果园，有着良好的景观以及设施，利用采摘节作为营销手段吸引游客。

根据举办地的级别可分为四类：

第一类，区县举办的观光采摘节。这是依托区域内规模化的优质林果资源，并由区县政府发起的节庆活动。如平谷桃花节、大兴西瓜节、昌平金秋百果节、平谷金秋采摘节、通州葡萄采摘节、顺义瓜菜采摘文化节等。有的观光采摘节经过多年的经营，已成为该区域标志性的节庆活动。

第二类，乡镇举办的观光采摘节。这是乡镇依托所属的知名景区或者优质林果资源举办的采摘节，规模很小。如房山张坊磨盘柿采摘观光月、延庆张山营镇水果采摘节、海淀车耳营杏花节、李桥镇沿河甜瓜观光采摘月、大兴采育葡萄文化节、顺义御杏采摘节、大兴庞各庄万亩梨园赏花会等。

第三类，村级观光采摘节。这是依托优质林果资源或成规模的果园举办的采摘节。

如平谷北寨红杏采摘节、昌平真顺红苹果采摘节。

第四类，休闲农园举办的观光采摘。一些休闲农园如顺义双河观光采摘园、通州第五生产大队等每年定期举办的观光采摘活动或相关主题的活动。

5. 旅游节庆

（1）旅游节庆的内涵

旅游节庆是指依托当地资源，以一定的主题，人为策划形成的带有周期性的节庆活动，是乡村休闲旅游节庆中融合性较强的节庆。

典型案例 3-4

镇巴旅游文化节

2023年3月30日上午，由中共镇巴县委、镇巴县人民政府主办的2023中国最美油菜花海镇巴旅游文化节启动仪式在黎坝镇主会场隆重举行。启动仪式上，黎坝镇、文旅局等10个镇办、单位和相关企业签订了12个项目合作协议，涵盖乡村民宿、农业养殖、茶旅融合、中药材、能源科技、旅游等多个领域，为镇巴文旅产业的蓬勃发展增添新的动力。

2023年中国最美油菜花海镇巴旅游文化节以"春入巴山 芳华汉秀"为主题，为远道而来的游客呈上丰富多彩的春花盛宴。活动期间正值黎坝镇千亩油菜进入盛花期，田陌间已染成一片金黄。坐落在花海间的启动仪式，吸引了大批游客前来观赏打卡，畅游镇巴油菜花海。游客们既可打卡汉字艺术展，乘坐花海小火车一览春光；又可领略镇巴特色宣纸、刺绣、剪纸等手工非遗，体验纳鞋底、推石磨、捣辣椒等乡村民俗；还可逛巴山美食风物市集，感受巴山风味以及听镇巴民歌、赏民俗表演、看花田汉服秀/苗服秀、嗨玩篝火晚会，享受多彩镇巴。镇巴旅游文化节会持续至5月，其间镇巴县内各乡镇和景区也会开办独具特色的体验活动。

2023年中国最美油菜花海镇巴旅游文化节是镇巴县贯彻落实党的二十大精神，践行"绿水青山就是金山银山"的重要举措，它将全面激活旅游市场的消费潜力，带动镇巴乡村休闲旅游高质量发展。

（2）旅游节庆的类型

① 艺术性的节庆活动

艺术性的节庆活动，包括电影节、戏剧节、木偶节以及根据地方命名的艺术节（如国际桃花音乐节）等。

典型案例 3-5

上海光明谷锦稻田音乐节

2022年10月26日，由光明农业发展（集团）有限公司（以下简称"光明农发集团"）携手上海音乐学院打造的上海光明谷锦稻田音乐会，在上海市崇明区举行。

2022年的光明谷锦稻田音乐会可谓"新"味十足，活动是围绕"新品牌、新产品、新大米"展开的，光明农发集团将"焕新"与"赏音"联动，和广大市民及社会各界朋友同庆"光明谷锦"品牌发布，共迎新大米上市，开启战略合作相互赋能，用音乐传递丰收的喜悦。活动现场，光明农发集团全新品牌——"光明谷锦"正式发布，旨在树立"每一口都是粒粒好鲜米"的品牌概念，向消费者传递"光明谷锦 粒粒鲜""六维锁鲜"的品牌理念。

以乐为媒，扬文化；以稻为源，享新鲜。举办光明谷锦稻田音乐会，充分展示农业的生态、生产和生活之美，呈现稻作的现代、科技和数字之感，体现大米的品质、品位和品种之韵，彰显产业链、供应链、价值链的优势。

② 地方产品展示、展销节庆活动

我国地大物博，很多地方都因当地的特产而出名，这些地方利用这些特产发展旅游，围绕旅游发展的需要举办了大量的节庆活动。例如，潍坊风筝节、景德镇陶瓷节、宜兴紫砂节、杭州茶文化节、安溪茶文化节、青岛国际啤酒节等。这些节庆活动围绕某一特产而延伸，一是向交易会延伸，将产品的生产与销售联系起来；二是向文化方面延伸，把生产过程与产品和文化联系起来。

③ 娱乐性的节庆活动

还有一些新的节庆活动，完全是出于地方经济发展的需要而创造出来的，希望通过开办这样的活动来提高知名度和增加人气，这些活动并非完全与当地的传统有很大的关联。例如，美食节、民间艺术节、冰雪节、冰雕节、沙雕节等。

（四）乡村休闲旅游节庆方案

1. 方案设计的要求

（1）主题明确

无论举办什么节庆，都必须有明确的主题。编制乡村休闲旅游节庆方案之前，需要认真研究方案的主题定位，然后围绕主题搜集国内外相关节庆活动，分析这些节庆活动的特色以及所依据的自然环境、社会环境和经济环境等，之后结合所在区域或乡村休闲经营主体的主要资源或主导产业，对确定的主题内涵进行充分理解，做好方案制定准备工作。

(2) 突出特色

在全国各地竞相举办乡村休闲旅游节庆活动的今天，节庆活动的特色成为核心竞争力。我国目前所举办的乡村休闲旅游节庆多数是赏花节、美食节、采摘节等，方案制定时要注意挖掘所在地区的文化内涵和产业优势，突出节庆活动的民族特色、地域特色、文化特色和时代特色，与众不同，才能更有吸引力和号召力。

(3) 操作性强

乡村休闲旅游节庆方案是要落地执行的，一定要具有实际操作性。因此，制定方案前需要和具体的执行方进行沟通，对于执行方所提出的意见或建议要充分重视，不能为了特色而特色，设计一些在实际工作中不可行的活动，片面追求方案的与众不同而忽视可操作性，不能付之实际或实际执行效果欠佳的节庆方案，不能称之为成功方案。

(4) 系统完整

乡村休闲旅游节庆活动一般由许多分项活动组成。为此，明确节庆活动主题后，应当首先制定一个总体策划方案，包括举办方、举办时间、举办地点、主要目标、节庆主题、各分项活动的内容、经费概算、组织保障等。在总体方案的指导下，进一步制定分项活动方案进行细化，细化方案在内容上要与总体方案相同。

2. 方案设计的内容

(1) 指导思想和目标。列举举办节庆活动所依据的相关政策文件，阐述举办节庆活动的目的，如提升影响力、推动产业发展等。

(2) 节庆活动的名称。要求突出活动的主题和特色，如赏花节、美食节、采摘节等。

(3) 节庆活动的主题。要求主题口号简洁明了，有新意、有创意。

(4) 举办时间。写明节庆活动的举办日期，从某年某月某日开始至某年某月某日结束。

(5) 举办单位。写明举办节庆活动的单位名称，如政府、园区等。

(6) 节庆活动的内容。可以是一次性的大型节庆活动，也可以是一个时间段内的系列活动。列出每个环节的名称或系列活动的名称。

(7) 实施安排。成立组委会，明确牵头组织的部门、节庆活动各个项目的负责机构，强调统一协调、共同完成。

(8) 工作要求。如提高思想认识、加强宣传推广等。

3. 方案设计的注意事项

(1) 从举办方的实际出发。乡村休闲旅游节庆方案的制定要从举办方的实际情况出发，按照现代节庆活动的规律制定方案。不能脱离当地的文化、民俗、产业背景，也不能超出举办方的实际能力。

(2) 执行中不断修改完善。制定完成的乡村休闲旅游节庆方案并非一成不变、不能修改的，而是可以在执行的过程中根据具体情况进行修改完善，使之更加接近实际，执行效果更好。

（3）做好方案实施对接。乡村休闲旅游节庆的策划方案，只是对节庆活动的设计，要把方案中提出的理念及要求实现，还要按照策划方案制定实施方案。

（4）制定应急预案。在制定乡村休闲旅游节庆方案时，还应考虑突发因素，制定应对危机的应急预案，保证节庆活动成功举办。

（五）乡村休闲旅游节庆存在的问题及提升路径

1. 乡村休闲旅游节庆存在的问题

（1）同质化严重，与乡村休闲旅游的融合缺乏深度。越来越多的乡村休闲旅游节庆以"赏花尝果＋娱乐歌舞表演＋商品展销会"的套路为主，乡村休闲旅游节庆的内涵比较空洞，缺乏深度。

（2）乡村"空心化"趋势严重，民俗节庆难以传承。节庆活动应该由本地原住民作为表演或展示的主体，才能最大限度地让旅游消费者体验到其原真性。但随着城镇化进程的加速，乡村原住民大量往城镇迁移，加上乡村人口的老龄化和幼龄化，乡村"空心化"趋势严重，民俗节庆难以传承。

（3）节庆活动失真，弱化了乡村休闲旅游的吸引力。除大量农村人口进入城市外，从城市到乡村的旅游者也给乡村原住民带来了城市居民的生活方式，节庆活动面临着保护与传承的巨大挑战。某些地方的乡村休闲旅游节庆活动呈现出过度商业化、空壳化与形式化，失真严重，从而弱化了乡村休闲旅游的吸引力。

（4）节庆活动知名度低，未能树立乡村休闲旅游品牌。在体验经济背景下，品牌形象更能左右旅游消费者的选择。娱乐性、参与性及差异化的乡村休闲旅游节庆活动，能满足旅游者的体验需求。如西双版纳的泼水节、凉山彝族国际火把节等均是我国知名度较高的节庆活动，也有效地促进了当地旅游业的发展。但还有许多地方未能深入挖掘出当地文化的内涵，也缺乏对节庆活动的包装与宣传，影响了乡村休闲旅游的品牌形象塑造。

2. 乡村休闲旅游节庆创新提升的路径

（1）注重节庆的乡村文化性和当地性。乡村文化对乡村休闲旅游节庆有着重要作用，乡村休闲旅游节庆的成功举办依托当地的文化资源，特色文化即乡村的魅力所在。应当充分挖掘当地乡村的传统文化资源，打造出具有特色的品牌，提升自身的形象和竞争力。

（2）充分整合区域内的相关资源。资源的组合表现在其内部资源应该相互合作、共同发展；外部资源如通信、娱乐、餐饮、交通等应该加强合作；地区资源应该与区域内其余的旅游相关资源进行整合。

（3）节庆与乡村休闲旅游互动发展。乡村休闲旅游节庆的举办不仅起到宣传本次节庆的作用，还能让更多旅游消费者了解节庆举办地区的其余旅游项目、旅游产品的开发和销售。政府作为管理者应着眼未来，对那些社会影响大及市场潜力大的乡村节庆给予重点扶持。

（4）注重与新媒体的联动。如今，直播、电商、小视频等多渠道流量变现方式催热了网红经济和内容经济等创新模式，"网红"则是与新经济相结合的代名词。乡村"网红"的优势就在于对乡村生产、生活的捕捉、沉淀和再发现。乡村"网红"应当利用好这一内容优势，以真实、原生态取胜，通过展现独特而积极向上的人格魅力和追求美好生活的精神面貌，不断扩大自身影响力，助力所在地区乡村休闲旅游的发展。

五、共享农园的运营

（一）都市农业及其功能

都市农业是指地处都市及其延伸地带，紧密依托并服务于都市的农业。它是大都市中、都市郊区和大都市经济圈以内，以适应现代化都市生存与发展需要而形成的现代农业。都市农业在世界上已有一百多年的发展历史。我国的都市农业既与发达国家的都市农业有相似之处，又具有中国特色，那就是功能多样、产业融合、业态丰富、区域特色明显。随着我国城市化和城乡一体化进程的加快，工业反哺农业、以城带乡、以工促农，社会各界从资金、人才、精力和时间等各方面对都市农业的关注和投入比以往任何时候都更加密切和积极，都市农业正日益成为城市社会发展的朝阳产业。

都市农业的功能主要有：一是生产功能，也称经济功能。通过发展都市的生态农业、高科技农业和可持续发展农业，为都市居民提供新鲜、卫生、安全的农产品，以满足城市居民食物消费的需要。二是生态功能，也称保护功能。农业作为绿色植物产业，是城市生态系统的组成部分，对保护自然生态，涵养水源，调节微气候，改善人们的生存环境起重要作用。三是生活功能，也称社会功能。农业作为城市生活的必要组成部分，通过吸引市民到郊区参与乡村民俗体验及度假等形式，促进城乡居民之间加强社会交往及文化交流。四是示范与教育功能。都市郊区农业具有"窗口农业"的作用，由于现代化程度高，对其他地区起到样板、示范作用。作为城郊高科技农业园和农业教育园，可为城市居民进行农业知识教育。

（二）共享农园

1. 共享农园与社区支持农业

共享农园又叫作市民农园、体验农园、休闲农园、租赁农园等。它是都市农业的一种特殊类型，就是将都市或近郊农地划分成小块土地出租给城市居民，承租者可以在农地上种花草、树木、蔬菜、瓜果或庭院式经营，以此体验农业耕作以及农业休闲的乐趣。它更多地体现了都市农业的生活、生态功能，使生产者与消费者密切结合，最大限度地减少农产品的中间环节，生产者和消费者的初衷都是生产健康、生态、绿色的农副产品,达到更加安全、优质的目的。随着乡村休闲旅游业在我国的蓬勃发展,农业活动形式越来越多样化,共享农园便是日益受到广大市民欢迎的一种形式。共享农园的发展与社区支持农业模式紧密联系。

根据社区支持农业(CSA)理论,消费者与农场直接开展合作,形成经济伙伴关系,实现风险共担、利益共享。CSA模式中的"社区"不是单纯地理意义上的居民社区,而是一种社会学概念上的社区,既容纳了地缘相近的个体,又吸纳各式各样的组织和主体。

我国发展社区支持农业的有利条件:

一是潜在客户群体规模大,未来市场空间较大。随着人民群众对美好生活的向往越加强烈,"重品质"成为主流趋势,加之食品安全意识的逐渐提升,对"绿色、有机、健康、安全"的食品的需求也将不断增加。CSA模式中,生产者向消费者提供依靠自然规律生长的农产品,不施加化肥农药,纯绿色生产的方式确保了产品安全可靠,这一特点将吸引更多潜在客户群体。

二是消费者与生产者共担风险,生产经营风险小。CSA模式中,消费者需要提前预付资金给生产者,用于农场的生产;消费者可以享受农场提供的优质农产品,同时也要和农场共同承担农作物种植失败的风险。对农场来说,可有效获取固定客群,并与消费者风险共担,极大降低了生产经营风险。此外,由于通过CSA模式可实现由生产者直接向消费者供应农产品,大大缩短了仓储、物流、销售等环节,能有效降低货物流通成本,生产经营收益也相应增加。

社区支持农业未来发展方向:

一是高质量可持续发展。以"有机、生态、绿色"为主导方向,丰富产品供给形式,大力发展农业循环经济,不断提升产品质量,提高服务水平,实现CSA模式的高质量可持续发展。

二是多业态融合发展。"创新"是可持续发展的动力,CSA模式可以结合当地资源、文化等基础,研究培育特色果蔬产品、开发特色农副产品,增强核心竞争力,探索发展休闲观光、农耕体验、研学科普等农文旅融合业态,促进多元化发展。

三是强调数字赋能。在数字化的大背景下,CSA发展也不能脱离数字化、智慧化、智能化的趋势,要注重新一代信息技术的应用,坚持与时俱进,在生产、仓储、运输、销售等环节加强技术创新,提升生产经营效益。

四是打造行业生态圈。以"产业链"思维推进CSA做大做强,推动CSA经营主体合作交流,实现优势互补,整合农业技术、物流、包装等上下游相关企业,推进企业联动,逐步构建行业生态圈。

共享农园正是社区支持农业(CSA)理论在实践中具体应用的重要途径之一,也是充分体现都市农业功能的一种乡村休闲旅游产品。

2. 共享农园的特点

(1)产品共享。可以个人订制或团购订制等形式,为消费者提供农产品直供、认种、认养等订制服务。

（2）农场共享。可利用获得的建设用地、集体建设用地或利用空闲农房、宅基地，通过合作、租赁等方式，发展共享农场。

（3）土地共享。可将菜地、果园或其他农地划分为若干小块，以共享的方式，将其经营权租赁给消费者，用于农业生产或农事体验。

（4）资源共享。可将农场闲置的场所、公共空间等资源释放出来，以租赁、合作等形式满足消费者的需求。

（5）项目共享。可以合作方式共建农庄，或共建某一特定的项目，消费者及投资者按约定获得实物回报或投资收益回报。

3. 共享农园在国外的发展及实践

（1）日本：MYFARM（共享菜园）

在日本，想租用闲置农地，并不是一件简单的事情。个人可以向政府申请承租农业用地，但在两年使用期限后，用地将被重新分配。这种承租方式不仅手续烦琐，而且连续性差。在此背景下，MYFARM应运而生。

MYFARM株式会社成立于2007年，以"创建自产自销的社会"为目标，提供从共享体验农园到农业培训学校，从农产品的种植、流通与销售到农业业务咨询服务，为农业全产业链企业提供解决方案。MYFARM着眼于农业领域中的"人、事、物"，怀抱"让农业更有趣，让更多人爱上农业"的美好愿景，走着一条独特的农业创新之路，成为日本乃至海内外闻名的网红农场。MYFARM公司运营模式的四大特色板块分别是会员制都市小农园、农业专业学校、农产品直营、农田土地租赁平台。MYFARM成立十余年来，已经在日本开设了110家体验农场，拥有1万多会员，续租率达到70%以上，并且获得软银Softbank的投资。目前，MYFARM拥有日本历史最悠久、数量最多的共享体验农园，拥有毕业生最多的民办农业培训学校。MYFARM已经走向世界。

（2）英国：Allotment Garden（共享农园）

从17世纪到18世纪，英国为了更好地保护小企业和公众的利益，防止内乱和叛乱，1845年的《圈地法》要求地方官员为无地穷人提供0.25英亩（1英亩≈4046.86平方米）为限的"field gardens"。这就是英国Allotment Garden的开始。

英国的Allotment Garden一般是地方自治体将他所拥有的土地便宜租给当地居民，其中也有农园的使用者们进行共同管理或由英国国教持有的形式。1831年，英国出现第一个收费菜园。1996年，英国全国就有29.7万个共享农园，规模有大有小。区块大小也各有不同，比较常见的是200~300平方米，年租金为20~40英镑（180~360元）。

（3）德国：KleinGarten（小院子）

19世纪的德国，产业化、城市化导致工厂劳动者们的工作环境和生活环境变得恶劣，身体面临巨大的健康问题，随之而来的是治安的不断恶化和整个社会变得软弱疲惫。为了解决这一社会问题，政府和教会开始解放土地，为穷人们提供能够种植蔬菜的

KleinGarten。随后，为了给孩子们提供一个可以健康、安全玩耍的地方，给人们提供安全的食物，帮助人们恢复身体健康，德国莱比锡大学的施莱伯博士（Dr. Schreber）掀起亲近自然的运动和市民农园运动，将 KleinGarten 推向德国全国。

如今，德国拥有超过 15000 家的 KleinGarten 协会，100 多万名小花园园丁，超过 4.6 万公顷（1 公顷＝10000 平方米）的 KleinGarten。德国的 KleinGarten 一般面积为 300 平方米左右，通常还附带一个不超过 24 平方米的小屋。人们在 KleinGarten 里除了种菜，还会种花、种果树、铺草坪。图 3-12 为德国的 KleinGarten。

图 3-12　德国的 KleinGarten

4. 我国共享农园的类型及实践

（1）共享农园的类型

① 按经营主体划分

a. 企业经营，是指由国有企业、私有企业或民营企业经营的共享农园。

b. 村集体经营，是指村委会利用村集体土地开辟成共享农园，由村集体占有农园的全部股份并面向村民提供分红的经营方式。

c. 学校经营，是指在校园或幼儿园里开设的农园，一般规模比较小，不收租金，主要是为中小学生或幼儿园儿童提供一个体验农耕的平台。

d. 合作社经营，是指农民采取自愿原则，将土地交由合作社经营，合作社再将土地划分成小块转租给市民，统一用作市民农园的开发。平时村民负责承租人托管菜地的日常管理以及耕作技术指导等服务工作，除去合作社收取的管理费用外，剩余租金归村民所有，年终出租者还能获得合作社的分红。

e. 个人经营，是指拥有土地使用权的农民，将自己的农园分块租赁给城市居民认养租种，利润所得由农户自主支配。

f. 国有农场经营，是指现有的农场利用自有的土地，经营市民农园的经营方式。

② 按经营方式划分

a. 独立的共享农园，是指在农业资源丰富的城郊地区，将原来的耕地、菜田以及果园等，经过土地流转后，用来发展共享农园。

b. 农业园区中的认养农园，是指在休闲农业园区中，留出一部分土地用作共享农园项目经营，出租给市民认养种植，满足市民农耕体验的需要。

c. 校园内的体验农园，是指学校利用校园里的空地，以科普教育为目的，带领学生认识农作物，体验农耕文化。

③ 按农园提供的服务划分

a. 农耕体验。共享农园的核心服务为农耕体验，农园提供良好的农事设施和服务管理，以体验农耕过程为目的，同时收获自己的劳动成果。市民如果没有时间管理，可以采取托管方式交给经营者管理，空闲时享受收获乐趣。图 3-13 为北京市丰台区王佐镇佃起村的市民农园。

图 3-13　北京市丰台区王佐镇佃起村的市民农园

b. 安全食品供应。共享农园提供蔬菜配送服务。农园经营者可以提供不同的有机农产品蔬菜搭配，市民根据需要选择配送类型，如每周送货上门的次数、每次配送的数量、配送的时间等。市民一般会预先支付蔬菜份额费用，之后农园经营者就按照约定把健康、新鲜的有机蔬菜和水果送到市民家中。

c. 休闲游憩。市民农园除了租地以外，一般还提供采摘、观光、垂钓、餐饮等项目。很多农园会依托农业节庆开展不同的主题活动，如采摘节、丰收节、农夫市集等。

d. 科普教育。在农耕体验的基础上，加入农业教育内容，开办食品安全讲座，普及有机蔬菜、健康养生、农耕文化等知识。

(2) 共享农园的实践

① 北京的"小毛驴市民农园"

该项目位于北京市海淀区，占地 230 亩，2008 年开业。

出售劳动份额：市民租用 30 平方米有机种植菜地，由农场提供技术指导，市民自己进行种植、管理、收获，或者由农场负责种植、管理，市民自己收获，价格为 2500～4200 元/年。

出售配送份额：市民租用 30 平方米有机种植菜地，由农场负责种植、管理、收获、配送，价格为 6200～7200 元/年。

定制菜园/果园服务：向各类学校、社会企业或团体提供定制菜园、果园等服务，用于开展劳动教育、农业科普、团队拓展、自然体验等活动。

②上海的"乐田家庭农场"

目前在上海运营 3 家农场，包括乐田庄行农场、乐田海湾农场、乐田木然农场。乐田庄行农场和乐田海湾农场位于上海市奉贤区，乐田木然农场位于上海市宝山区。规模分别为 100 亩、85 亩、200 亩，开业时间分别为 2011 年、2020 年、2017 年，涵盖 CSA 农场、市民农园、田园体验、农业教育、住宿餐饮。前期以市民农园为核心，后期主打田园教育。

其主要营收来源包括：市民农园认养费（以会员形式收费），包括普通会员、高级会员、农场会员和农场主；农事体验费；农业教育费以及住宿费。

乐田农业教育涵盖五大类，包括自然食育、自然农耕、自然工程、自然艺术、童军训练五大主题。自然食育主要为面包、叫花鸡等的制作；自然农耕包括动物饲养、活力农耕、自然探索等；自然工程包括搭建项目、科学机械、木工、泥工、环境保护等；自然艺术包括自然手作、陶艺等；童军训练包括独木舟、野外生存、急救等。

③海南"共享农庄"

共享农庄主要是通过"互联网＋现代农业"技术建设的，集循环农业、旅游农业、创意农业、农事体验于一体的田园综合体。为消费者提供生态农业、托管代种、产品认养、自行耕种等多种形式的私人订制服务，满足中产阶层的消费升级的需求。

④珠海的"绿手指份额农园"

出售配送份额：农场和消费者签订份额合同，年份额每周配送 1 次或 2 次，每次 3 千克或 4.5 千克，价格为 6000～15000 元/年，消费者也可自提，价格为 5500～13000 元/年，消费者可以按需订购。

配送＋农家乐＋旅游：农场实行差异化运行，建设有机餐厅，并定期组织开展各类农业体验、艺术体验等活动，支持用户到农园进行旅游、观光体验。

零售：农场可对自己生产的各类农产品，以及与其他机构合作生产的厨具、农业用品、生活用品、种子等商品进行零售。

第四章 乡村休闲旅游营销创新

一、营销创新的理念

（一）内部营销

顾名思义，内部营销就是面向内部员工的营销，是指企业建立内部市场，将企业职员及各职能部门作为客户或市场看待，运用营销策略与方法，协调和处理内部市场的各种关系，以吸收、发展、刺激和保留优秀员工，来达到外部客户对企业及其产品的满意和忠诚，实现企业目标。内部营销的核心是提高员工的忠诚度，最终目标是让外部顾客满意。菲利浦·科特勒曾指出，内部营销是指成功地雇用、训练和尽可能激励员工很好地为顾客服务的工作。公司通过内部营销对愿景的渗透，以及对愿景与"现实"之间的展示，对员工实施激励，使员工的工作做得更好，服务质量更高，与公司打过交道的顾客很少再选择其他的公司，就不会出现人员流动频繁的现象，更不会使公司原有的顾客流失。

（二）关系营销

关系营销又称顾问式营销，是指企业在盈利的基础上，识别、建立、维护和巩固与顾客及其他伙伴之间的关系，以实现参与各方的目标，从而形成一种兼顾各方利益的长期关系。关系营销把营销活动看成一个企业与消费者、供应商、分销商、竞争者、政府机构及其他公众发生互动作用的过程，正确处理企业与这些组织及个人的关系是企业营销的核心，也是企业经营成败的关键。它从根本上改变传统营销将交易视作营销活动关键和终结的狭隘认识。企业应在主动沟通、互惠互利、承诺信任的关系营销的指导下，利用亲缘关系、地缘关系、业缘关系、文化习惯关系、偶发关系等与顾客、分销商及其他组织建立、保持并加强关系，通过互利交换及共同履行诺言，使有关各方实现各自的目的。

（三）网络营销

网络营销是基于互联网络及社会关系网络连接企业、用户及公众，向用户及公众传递有价值的信息和服务，为实现顾客价值及企业营销目标所进行的规划、实施及运营管理活动。从广义上来说，企业利用一切网络（包括社会网络、计算机网络、企业内部网、行业系统专线网、有线网络与无线网络、有线通信网络与移动通信网络等）进行的营销活动都可以被称为网络营销。从狭义上来说，凡是以国际互联网为主要营销手段，为达到一定营销目标而开展的营销活动，都称为网络营销。

（四）绿色营销

绿色营销是一种能辨识、预期及符合消费的社会需求，并且可带来利润及永续经营的管理过程。绿色营销理念认为，企业在营销活动中，要顺应时代可持续发展战略的要求，注重地球生态环境保护，促进经济与生态环境协调发展，以实现企业利益、消费者利益、社会利益及生态环境利益的协调统一。传统营销理念认为，企业在市场经济条件下生产经营，应当时刻关注与研究的中心问题是消费者需求、企业自身条件和竞争者状况三个方面，并且认为满足消费者需求、改善企业条件、创造比竞争者更有利的优势，便能取得市场营销的成效。而绿色营销理念在传统营销理念的基础上增添了新的思想内容。企业生产经营及研究的首要问题不是在传统营销因素条件下，通过协调三个方面的关系使自身取得利益，而是与绿色营销环境的关系。企业营销决策的制定必须建立在有利于节约能源、资源和保护自然环境的基点上，促使企业市场营销的立足点发生新的转移。

二、营销内容的创新

（一）产品创新

产品创新是指创造某种新产品或对某一新/老产品的功能进行创新。产品创新源于市场对产品的技术需求，也就是说技术创新活动要以市场需求为出发点，明确产品技术的研究方向，通过技术创新活动，创造出适合这一需求的适销产品，使市场需求得以满足。产品创新的动力从根本上说是技术推进和需求拉引共同作用的结果。

目前乡村休闲旅游产品存在的问题：一是同质化现象严重，定位模糊，特色不明显。由于乡村休闲旅游进入门槛较低，同时农户及部分开发商在资金和技术等方面的欠缺，导致许多地方乡村休闲旅游是在对现有资源简单利用的基础上进行的，形式单一、"千村一面"。二是产品结构不合理，产业链作用有限。当前的乡村休闲旅游产品类型大多集中在简单的吃、住、行等几个主要环节，而游、购、娱以及深层次环节的产品空白或严重缺乏，并没有形成完整的旅游产业链。许多乡村虽然拥有自己的特色农产品，具有比较优势，但缺少对其进行深加工，无法实现更多的产品附加值，减少了乡村产业的经济效益。三是产品开发深度不够，文化内涵不足，商业开发严重。乡村休闲旅游产品的文化内涵不足是国内乡村休闲旅游发展的突出问题。众多乡村休闲旅游项目在产品开发过程中，和地域文化结合较少，缺乏体现我国数千年的传统文化、乡村节庆、农作方式和生活习惯的深层次项目。

乡村休闲旅游产品创新是在技术、需求两维之中，根据本行业的特点，将市场需求和技术能力相匹配，寻求风险收益的最佳结合点。创新乡村休闲旅游营销，需要破除乡村同质化，利用高颜值、高品质、高体验来改变"千村一面"的格局。其他营销手段做得再好，最终还得靠产品或服务的优质性来支撑，否则无法实现可持续性发展。

（二）主题创新

主题创新是指通过有意识地发掘、利用或创造某种特定主题来实现经营目标的一种营销方式。它在原本单纯、枯燥的销售活动中注入一种思想和理念使营销活动由死板的钱与物的交换变为情感的交流。顾客在购买和使用商品过程中会得到精神享受和欲望满足，产生一种心理共鸣。原本单纯的商品赋予某种主题后，可以更好地挖掘商品的卖点，使销售活动更人性化，从而激发顾客的购买欲望。乡村休闲旅游通过策划鲜明的主题活动引起特定消费者的注意，进而达到营销的目的。

主题营销需要注意的问题如下：

一是瞄准个性化的精准消费，精耕细作。根据乡村休闲旅游经营主体的自身资源和条件优势，精准选择个性化的消费群体，开展有针对性的营销活动。例如，针对青少年群体，可以和中小学校进行联系，开展农业研学主题活动；针对新婚情侣，可以提供农场摄影、农场婚礼等主题活动；针对老年人，可以和社区进行联系，邀请社区的老年人来园区体验森林浴、农家餐饮等活动；针对兴趣爱好比较突出的人士，可以联系相关的协会组织，如邀请摄影协会、钓鱼协会等来园区开展采风、沙龙等主题活动；针对一些喜欢在网上"种菜"的人士，则可以邀请他们来园区认领一片属于自己的地盘，真实体会当"地主"的感觉。

二是注意主题氛围的营造，突出特色。活动氛围指在开展乡村休闲旅游促销活动时，通过物料布置、促销产品陈列、声音传播、人员形象塑造、促销宣传、互动活动等表现出的热烈销售氛围。对消费不断升级的消费者而言，需要在基础配套设施上营造人性化、时尚化、品质化的文化氛围，让消费者全面体会特色鲜明的乡村休闲旅游环境，从而产生愉悦的消费欲望。基于主题氛围的感染，很多消费者走进乡村休闲目的地后，无论之前是否抱有明确的消费计划，只要经过稍长时间的逗留，都会产生消费的冲动。

三是充分利用节日契机，借势营销。每年都有十多个主要的中外节日，这也是乡村休闲旅游的商机所在。一般来说，小节日时应在宣传上造概念、表姿态，大节日时可做一些与之相关的活动和比较大的宣传，即打好节日牌。随着年轻一代的成长，仪式感是年轻人调节生活的解药。每个节日都是培养仪式感的好时机，赋予每个节日特定内容和仪式，对热点内容提前预判，打造更加具有专属感的节日话题，挖掘借势元素，构思营销文案。对乡村休闲旅游来讲，每一个节日都是一个消费高峰，如春节、中秋节、端午节等。

每年乡村休闲旅游企业可以借势利用的营销节点、核心词、思路如下。

一月

营销节点：元旦、腊八、小年、除夕、春节

营销核心词：新年、年味、团圆、春节、红包、心愿

营销思路：新年伊始，万象更新，从腊八开始，组织新年联欢会，围绕春节主题，组织民俗活动。

二月

营销节点：西方情人节、元宵节、立春

营销核心词：浪漫、灯会、春天

营销思路：策划情人节活动、制作情人节礼物、包（吃）元宵、布置灯会、猜灯谜、组织"咬春""鞭春牛"等民俗活动。

三月

营销节点：妇女节、植树节

营销核心词：女性、女神、美丽、关爱、礼物、希望

营销思路：围绕"呵护女生、宠爱女性"或者"独立、自信、自由、个性"或者新时代女性及"女生节送礼"等话题营销。植树节可考虑组织家庭亲子活动、团建活动等。

四月

营销节点：清明节、环境保护日、地球日、读书日

营销核心词：怀念、踏青、露营、郊游、阅读

营销思路：清明寄托哀思，春季露营、郊游，倡导美好生活，分享读书体会等。

五月

营销节点：劳动节、青年节、母亲节

营销核心词：向劳动者致敬、青春梦想、带着妈妈去旅游

营销思路：充分利用劳动节的小长假、青年节侧重传递青春价值、母亲节侧重感恩。

六月

营销节点：儿童节、端午节、父亲节、高考

营销核心词：童年、粽子、责任、成人礼

营销思路：围绕儿童节的"童真"，加上高考和毕业季的场景烘托，可以主打夏日、青春等元素，父亲节感恩，成人礼突出责任担当。

七月

营销节点：党建、公共健康日、国际啤酒节、夏季、暑假

营销核心词：致敬、防暑降温、毕业季

营销思路：建党和香港回归纪念日可以部署相关内容联动；炎炎夏日，也可以围绕消暑话题开展活动；针对毕业季的来临，可以围绕盛夏、青春、毕业等话题开展活动。

八月

营销节点：建军节、全民健身日、七夕、立秋

营销核心词：红色、健身、情侣、秋老虎

营销思路：七夕作为传统情人节，氛围感和国风营销是重点，围绕"咬秋"等话题开展活动。

九月

营销节点：教师节、中秋节、开学季、秋分

营销核心词：感恩、团圆、月饼、丰收节

营销思路：初秋是九月的主题与氛围，开学季与教师节紧密相连，还有中秋小长假，可以围绕"团圆""相聚"等主题开展活动，此外，还可以组织丰收节等一系列活动。

十月

营销节点：国庆节、重阳节

营销核心词：小长假、敬老、登高

营销思路：国庆长假可主打"国庆回馈""家国情怀"等主题开展活动，重阳节可以"关爱老人、健康养生"为主题开展活动，也可设计以家庭为单位的爬山、登高活动。

十一月

营销节点：西方感恩节、螃蟹、立冬

营销核心词：感恩、冬天

营销思路：感恩父母，开发冬季滋补膳食等。

十二月

营销节点：西方圣诞节、跨年夜、元旦、冬至

营销核心词：圣诞礼物、年终、跨年狂欢、饺子

营销思路：组织圣诞节派送礼物、承办年会、跨年夜互动、包饺子等。

（三）服务创新

服务创新是指新的设想、新的技术手段转变成新的或者改进的服务方式。服务创新通过满足物质、精神和心理需求，提供解决问题的能力，保障人们的精神和心理的健康，让人们得到满足感和成就感。对乡村休闲旅游而言，一个定位明确的主题固然重要，但其根本依然是完善并提供富有人性化的配套服务。服务是乡村休闲旅游的主要竞争要素之一，直接影响消费者对乡村休闲旅游目的地的印象，对乡村休闲旅游起着重要

的影响作用。乡村休闲旅游服务创新，是指乡村休闲旅游企业通过改进现有的服务流程、服务技术或服务产品为消费者提供更优质的服务体验，目的在于为消费者创造更多的体验价值，从而获得长期的市场竞争优势。

典型案例 4-1

金蜗牛露营：一站式休闲服务体验

北京金蜗牛旅游开发有限公司（以下简称"金蜗牛"）是一家专注露营地开发、建设及经营的混合所有制股份公司。成立于 2019 年 10 月的金蜗牛将露营旅游与食、宿、行、游、购、娱有机结合，为汽车露营爱好者提供了一站式休闲服务体验。

金蜗牛依托首旅集团品牌及完整的旅游产业链，特别是在资源、技术、管理、服务等优势的基础上总结行业经验，建立露营标准，形成品牌优势。金蜗牛的商业模式秉持"＋营地"与"营地＋"的融合。

"＋营地"就是融入当地产业大环境，结合全域旅游大环境去经营营地 IP 内容，互相促进。在金蜗牛"＋营地"的集约化模式中，以 100 亩的用地体量作为标准营地配置的话，其中 70％就属于标准化可快速复制模块，如营地设施、产品、管理、IP 运营以及服务标准化；另外 30％非标配置会根据不同地域的营地做适应性设计和定制。

"营地＋"则是指营地除了基本住宿产品，不断开发相关的 IP 内容运营、营地教育产品、汽车销售租赁、娱乐购物配套等其他产品，打造一个五脏俱全的小生态系统。在"营地＋"的 IP 内容商业方面，会同时开发多维路径：自主原生 IP 开发以金蜗牛"亲近自然的旅居慢生活"为诉求，提倡正能量价值观，满足大众对亲情、友情、爱情的内在精神需求，体现"环保、生态"的金蜗牛旅居生态观；同时为了促进各相关合作方自身 IP 开发，也会提供"IP 聚落"共赢发展平台，一起开发合作 IP；而在横向 IP 衍生品方面，会根据自主原创 IP 的开发深度和广度逐渐覆盖综艺、游戏、电影、动漫等各个领域，开发出诸如"蜗窝家""萌眼蜗蜗"等金蜗牛原创衍生品系列，逐步渗透进各个文创商业领域。

金蜗牛现有下设营地五个，分别是山东山亭岩马湖金蜗牛露营地、山东滕州红荷湿地金蜗牛露营地、陕西西咸新区金蜗牛丝路起点露营地、北京延庆世园金蜗牛露营地和北京怀柔雁栖湖金蜗牛露营地。

山东山亭岩马湖金蜗牛露营地位于山亭区西北的岩马湖畔，营地主要为帐篷和房车营位，星空球营位点缀其中。活动区域可进行大型篝火晚会活动，支持大型公司团建。

山东滕州红荷湿地金蜗牛露营地位于枣庄市滕州市 AAAA 景区红荷湿地内，营地有小木屋、房车和帐篷三种营位可供选择。

陕西西咸新区金蜗牛丝路起点露营地位于西安高桥服务区的南侧区域，营地有房车小院和帐篷小院两种选择，让游客体验另类丝绸之路。

北京延庆世园金蜗牛露营地位于延庆区世园公园2号门内西侧，营地主打房型为两居木屋，除了木屋，营地还有11辆房车、酒店式帐篷、彩色集装箱屋可供双人家庭或游客选择。

北京怀柔雁栖湖金蜗牛露营地位于北京雁栖湖P4停车场，营地住宿主要以帐篷为主，是游客踏青和野餐的好去处。

三、营销渠道的创新

营销渠道是指产品或服务从生产者向最终消费者转移过程中所经过的由各种机构和组织组成的途径或通道组合。乡村休闲旅游的营销渠道是指乡村休闲旅游产品或服务从园区流转到游客手中的全过程中所经历的各个环节，主要包括旅游代理商、旅游经营商、旅游批发商等。营销渠道搭建了园区与游客之间的桥梁，旅游中间商利用自己直接面向消费者的优势，进行市场调查，掌握消费者的意见和需要，为园区提供准确的信息，使园区的产品和服务能不断适应消费者的需求。有效的营销渠道，能够为乡村休闲旅游企业带来稳定和可观的客流。

根据产品在流通过程中是否经过中间商，可分为直接营销渠道和间接营销渠道。直接营销渠道也称零层次营销渠道，是指生产者不借助任何旅游中间商直接把产品销售给游客的销售渠道。间接营销渠道是指生产者借助旅游中间商向游客销售产品的营销渠道。

根据产品销售过程中利用的中间商的数量，可分为长渠道和短渠道。长渠道是指产品生产者在产品销售过程中利用两个或两个以上的中间商来分销商品。优点是渠道长，能有效地覆盖市场，扩大销售量，市场风险小；缺点是市场信息迟滞，关系不好协调，价格较高。短渠道是指产品生产者仅利用一个中间商或自己销售产品。优点是流通环节少，流通时间短，价格低，传播速度快，生产者容易建立起直接合作关系；缺点是生产者的外部组织承担了大部分分销渠道的功能，市场覆盖面较窄。

营销渠道的宽度是指营销渠道的每个环节或层次中使用同种类型的中间商的数量，同一层次或环节使用的中间商越多，渠道就越宽；反之，渠道就越窄。此外，园区产品生产者采用的渠道类型比较单一，如全部由自己销售或全部交由批发商销售，称为单渠道；根据不同层次或游客不同情况采用不同营销渠道，称为多渠道。乡村休闲旅游企业对营销渠道的选择，不仅要保证产品及时到达，还要保证好的服务质量、最省的流通费用以及最大的市场覆盖面。

目前，绝大部分乡村休闲旅游企业依赖自建的直销渠道，因此，乡村休闲旅游营销渠道的创新，就是既要强化自身的直销渠道，又要善于利用第三方渠道。

旅游中间商是指在生产者与消费者之间专门从事产品流通的，具有法人资格的组织或个人，这是营销渠道的主要组成部分。旅游中间商可分为旅游代理商和旅游经销商。

旅游代理商是指受产品生产者或提供者委托，在委托权限内代理销售生产者或提供者的旅游产品的中介机构。它的收入来自根据代理销售量所取得的被代理企业支付的佣金，因为它只行使代销职责，因此几乎不承担产品销售的市场风险。旅游经销商是指将旅游产品买进以后转卖出去的中间商，其通过购买取得了旅游产品所有权，收入来自旅游产品的购进价和销出价之间的差额，因此会独立享受或承担产品转卖的利益或风险。

旅游经销商可分为旅游批发商和旅游零售商。旅游批发商是经营包价旅游批发业务的中介机构，将旅游全部要素组合在一起，形成包价旅游产品，然后通过旅游零售商或旅游代理商销售给消费者。旅游零售商是从事旅游产品零售业务的旅游中间商，其处于旅游产品生产者与消费者之间、旅游批发商与消费者之间，向消费者直接提供旅游产品和服务。

信息化时代乡村休闲旅游营销渠道的构建：

（1）直接营销：如人员直销，由业务人员直接向消费者个人或团体进行推销；网络直销，如自建园区网站，游客可直接登录网站了解相关产品信息、进行咨询和订购；通过微信社交软件直接向消费者推销，在寻找到潜在顾客后，转为人员直销，即特定业务员与消费者直接沟通；其他直销，利用电话、传统媒体、促销活动（如发放优惠券）等方式直接向消费者个人或团体进行推销。这些方式借鉴了其他行业的经验，如电话推销、优购推销、促销推销等。

（2）专业渠道：是指通过专业的第三方代理的方式进行销售。需要指出的是，这里的渠道主体必须是专业从事消费者旅游、休闲、娱乐的机构。这类渠道主体对市场开发具有专业能力，并能向园区提供长期稳定的客源。这些机构和个人有比较宽的消费者接触面，通过代理客户的销售获取佣金，能形成可观的销量。利用专业渠道是各行业普遍采取的方式，这也体现了营销分工越来越细的大趋势。专业渠道可分为线下和线上分销。线下分销渠道是指在销售端向消费者提供服务的中介机构，如会展会务公司、票务公司等；线上分销渠道如各旅游类网站、在线旅行社等。

（3）其他渠道：如园区和社区、学校、协会、群众团体等签订协议，提供优惠服务。

乡村休闲旅游园区要改变以往的发布信息后坐等消费者上门的思维模式，要在注重自身竞争力提升的同时，积极寻求或者创新合作模式。

根据园区和渠道之间的目标关系，可采用的合作模式有：

（1）短期目标型：即两者之间只是交易关系，交易完成，合作结束。

（2）长期目标型：两者之间建立一种长期合作关系，双方相互配合，共同降低成本，提高供应链的竞争力。

（3）渗透型。相互了解、帮助，在改进自身工作的同时，督促对方提升，共同进步。

（4）成立联盟或联合体：从供应链角度协调、管理成员之间的关系，多种类型的乡村休闲旅游企业成立联盟或联合体，联合起来进行营销。

（5）纵向集成型：是将供应链上的成员整合起来，但各成员完全独立，决策权属于自己。比如食材可以来自周边从事农业生产的农户，配送外包给专业物流服务商，娱乐项目可以直接引入园区，园区进行产品研发、业务整合及对外推广。

根据实际采用的具体形式，可采用的合作模式有：

（1）多方共赢。如与采购商合作，发展订单农业；与旅行社建立合作，纳入旅游线路；与周边景区合作，互换客源；与户外运动俱乐部合作，吸引客源；与媒体、网站合作，组织交友活动；与超市合作，购物送折扣消费券；与影楼合作，建外景婚纱拍摄基地；与周边农户合作，成立农村专业组织等。

（2）成立基地。如成为原料基地、科研院校实践基地、环保教育基地、科普教育基地、农业研学基地、爱国主义教育基地、红色教育基地、会议培训基地、艺术创作基地、参观培训基地等。

（3）平台渠道。一是电商共享平台渠道。把园区农产品放到电商交易平台进行销售，通过图片吸引消费者前来购买，实现农产品与平台的有效对接，缩短农产品从农户到消费者手里的时间。二是直播平台。通过视频直播还原最真实的场景，实现消费者与园区的最直接有效的对接，让消费者了解园区的情况，吸引消费者前来体验。三是社交平台。主要包括付费渠道和免费渠道，其中，付费渠道是指在公众号、小程序等媒介中发布农产品销售广告，以广告流量或者包年的形式支付广告费用；免费渠道主要针对朋友圈、个人博客等，以信任为基础进行营销推广，但要适当控制发广告的数量及质量，增加有效性。

四、营销手段的创新

营销手段具有很强的灵活性，而且对具体营销活动的成败起着决定性的作用。只有不断创新，才能吸引那些早已对常见的营销手段司空见惯的消费者。在互联网快速发展的今天，乡村休闲旅游营销手段的创新与互联网紧密相关。

（一）直播营销

直播营销是指企业在营销时以直播平台为载体，结合摄像头设备、麦克风设备等进行录制，由此将人物、场景、事件的发生与进展等情况全面展示给观众，并利用互联网同步呈现的方式达到与用户实时互动的效果，由此实现企业营销的目标。

直播营销是一种营销形式上的重要创新，也是非常能体现互联网视频特色的板块。直播营销的优势在于：

一是准确捕捉好奇心。消费者对企业的运作流程会有一定的好奇心理。文字描述虽然可以答疑解惑，但难免显得有点冰冷；图片虽美观，却只是一个定格的瞬间；视频虽然形象生动不少，但与直播相比，还是少了身临其境感。

二是消融品牌与用户间的距离感。运用直播营销，全方位实时与用户进行直观的关于品牌打造、部分生产流程、企业文化塑造等的交流，让用户更了解品牌的理念和产品的细节，这样就自然而然拉近了品牌与潜在购买者的距离，消融了之前存在的距离感。

三是身临其境，制造沉浸感。营销宣传环节的用户契合问题一直是企业家们最头疼的问题，而直播营销恰恰能解决这个问题。只要运用直播营销特有的信息实时共享性和直播服务流程，如产品、景观特色等，让用户感受到具体的细节，为用户打造身临其境的场景化体验，就可以制造沉浸感，让用户共享感官盛宴，实现辐射范围的最大化。

四是能体现出用户群的精准性。在观看直播视频时，用户需要在一个特定的时间共同进入播放页面，这种播出时间上的限制，也能够真正识别出并抓住这批具有忠诚度的精准目标人群。

五是能够实现与用户的实时互动。用户不仅能单向观看，而且能一起发弹幕，喜欢谁就直接献花打赏，甚至还能动用民意的力量改变节目进程。这种互动的真实性和立体性，也只有在直播的时候能够完全展现。此外，在这个碎片化的时代里，直播这种带有仪式感的内容播出形式，能让一批具有相同志趣的人聚集在一起，聚焦在共同的爱好上，情绪相互感染，产生共鸣。

常见的直播营销的模式有以下几种：

（1）专业主播直播模式

专业的主播不仅经过专业培训还有相关的销售经验，且有专业的电商团队进行运营，他们在抖音、快手、火山小视频以及淘宝天猫等各大主流平台上都有大量的粉丝，销售成绩也名列前茅。专业的电商团队会为主播打造合适的人设，设计不同的营销方案，并进行后续服务的跟进。此外，专业的主播都要经过相关话术、临场反应能力、营销学等方面的专业培训，他们在营销方面有着丰富的经验，如能熟练运用打折、满减、限定时间定量、价格战术等销售技巧，充分调动消费者的购买积极性，使农产品的销售数量居高不下。

（2）不同场景直播模式

直播包含三个要素：人、产品、场景。要想让直播反响好、热度高，除了要有优质的产品和专业主播之外，高品质的直播间场景也是衡量直播体验的关键。在当前的直播带货中，人和场景都有了新的变化，场景由传统的市场逐渐转变成乡村田野或室内直播间。农产品直播视频大多由农产品生产经营者自己充当主播，在农产品原产地进行直播，同时直播时可以向消费者展示乡间田野、道路、果园等优美的乡村风景，让消费者有种身临其境的体验感。这种独特的场景会使观看直播的消费者感到亲切，从而更容易引导消费者购买农产品。

(3) 官员直播模式

官员直播是在新冠疫情影响及乡村振兴战略实施之后进行的一种创新和尝试。近几年来，受到新冠疫情的影响，不少基层领导干部走进直播间，一般由乡长、镇长或村支书担任助农直播主播，通过直播间为当地滞销的农产品带货，助推当地产业复苏。地方官员直播推介当地农产品，不仅能够拓宽农产品的销售渠道，还能有效增强农产品的品牌效应，提升农产品的附加值，带动农民增收，促进农村经济的发展。

常见的直播营销的策略有以下几种：

(1) **培养本土直播**

与公众人物合作的售货效果颇丰，但不确定因素较多，且流量入口掌握在别人手里，自身缺乏主动权；官员直播毕竟投入的精力和时间有限，是一种短时间行为。因此，应大力培养本土农民主播团队，把流量主动权掌握在自己手上。

(2) **塑造特色品牌**

塑造与众不同、持续的、稳定的、差异化的、顾客可以感知的产品是获取忠实顾客的前提。当前，有些"农产品直播"将文化、历史、风情、政策等标签与农产品绑定（俗称"讲故事"），而忽略了产品核心的价值，随着消费者对"故事"失去新鲜感，最终会导致此类直播模式离场。因此，要打造特有的农产品品牌，并在此基础上打造农产品独有的IP。

(3) **建设直播环境**

直播带货与娱乐直播不同，除了需要主播的个人魅力，还需要对整个农产品进行辨识、讲解等，所以一次"完美的直播"需要一支专业的电商直播团队进行精心运作。随着消费者对直播的灯光、画面、声音、脚本等细节要求越来越高，可建设一支专业的"共享直播团队"。

(4) **整合产品供应链**

直播带货是营销的一种手段，货才是核心。直播带货，最终拼的是产品供应链。供应链端的效率高低、质量好坏，直接影响电商直播用户的消费体验，因此应搭建完善的农产品供应链，为"直播"带来持续的农产品销量服务。应通过整合资源，建设具有特色的"电商供应链"。

典型案例 4-2

"东方甄选"直播营销

2023年1月30日，商务部发布消息称，2022年重点监测电商平台累计直播场次超1.2亿场，累计观看超1.1万亿人次，直播商品超9500万个，活跃主播近110万人。近年来，飞速成长的直播营销，已逐渐占据新媒体营销的重要位置。其中，"东方甄选"

的成功为直播营销带来现象级的营销效果,成为行业标杆。"东方甄选"的直播营销创新路径,主要有以下几个方面:

一是用丰富生动的内容留住用户。在直播中,趣味性是吸引消费者停留的法宝。"东方甄选"能成为直播界的一股清流,主播团队的双语直播和优秀的学识素养功不可没。主播团队大多是"新东方"老师,无论是双语交流能力,还是文化知识储备,都能更好赋能直播工作。主播们并非限于产品本身认知,而是有着更深更远的延展与思考,潜移默化地将直播带货变成知识分享,另外讲解过程中通过讲故事,进一步增添了直播间的趣味性。鸡汤式的直播讲解更是升华了主题,让观众在直播间悟出生活真谛。

二是满足价值需求,助推品牌长远发展。在直播带货中,一味地追求高利润或低价格不一定能实现长远发展,平衡好农户、直播品牌和消费者三者间的利益才能实现共赢。用户的利益需求分为物质需求和精神需求两种,物质需求主要表现在物美价廉,如"东方甄选"通过补贴、促销、抽奖等形式降低单品价格;精神需求则在带货的同时不断增加消费者的知识获益,为大众提供免费在线咨询和知识科普服务。"东方甄选"取消了"入场费",虽然不刻意拉低农产品的单品价格,但是更强调农产品的品质与特色。在这种模式下,主播的带货能力会影响农产品的销量,销量决定利润。农户带着优质农产品入场,主播靠带货能力赚佣金,消费者花钱享受优质服务与产品,三者形成稳定的利益共同体。

三是多样话题良性互动,营造舒适的消费环境。"东方甄选"的主播团队从线下讲师转变为线上主播,不同主播的搭配,碰撞出不同的火花,有助于引发直播间的观众讨论,不同主播的风格切换也给观众带来新的互动体验。此外,"东方甄选"首创"带货+点歌"互动模式,每当主播上线时粉丝都会与他互动,提出点歌需求。在户外直播中,主播还会把观众带到户外课堂,认真观赏农产品生产地的优美环境,认识农产品的生产过程,拉近观众与乡村的距离,在互动中助力乡村振兴。

四是搭建差异化的场景,打造自身文化符号。"东方甄选"结合自身品牌优势与目标人群特点,打造自身文化符号,实现差异化传播。因其观众多是伴随着新东方成长起来的"80后""90后",且女性用户占比近七成,"东方甄选"个性化地将直播间打造成课堂式的场景,配置了课堂教学工具,主播之间也会相互称呼为老师,在带货当地农产品的同时,也分享农业知识与旅游文化,配合着乐器展示,营造出田园牧歌式消费场景,在农村与农产品实现品牌化的持续推广外,传统文化得到传播与弘扬,做到助农兴农惠农的长远发展。

(二)社交软件营销

社交软件是指帮助人们建立社会性网络的互联网应用服务,也指现有已成熟普及的信息载体,如微信、QQ、短信(SMS)服务等。第50次《中国互联网发展状况统计报告》显示，截至 2022 年 6 月，我国网民规模为 10.51 亿，较 2021 年 12 月新增网民 1919 万，互联网普及率达 74.4%，较 2021 年年底提升 1.4 个百分点，网民使用手机上网的比例高达 99.6%。如此庞大的互联网市场为社交软件营销提供了发展良机。

1. 微信营销

微信（WeChat）是腾讯公司于 2011 年 1 月推出的一个为智能终端提供即时通信服务的免费应用程序。微信支持跨通信运营商、跨操作系统平台，通过网络快速发送免费（须消耗少量网络流量）语音、视频、图片和文字。微信平台是在用户自愿选择接受的范围内推送信息，并与用户交互，为用户提供有价值的信息。自从微信出现以来，它已经成为人们不可或缺的交流工具，已经融入人们日常的生活中，可以解决购物、工作、娱乐、社交等多种需求。

微信营销的模式基本上可以分为三种：第一种是微商，通过加好友然后在朋友圈里打广告来向用户营销产品，从而提高自己的收益；第二种是经营微商城、小程序商城，这种营销产品会更加正规，用户也更加信任；第三种是直播，这会让用户更了解产品，产生消费的可能性也很大。具体方式如下：

（1）互动式推送微信营销

通过一对一的推送方式，与用户开展个性化的互动活动，为用户提供更直接的互动体验。例如，用户可以通过关注企业的方式将之添加为好友，之后企业便可根据用户发送的心情及状态进行互动回应，让用户有不一样的互动体验。

（2）活动式微信营销

可以通过漂流瓶的方式开展微信活动，在进行推广时可以增加某一时间段的"漂流瓶"数量，增加用户获取的频率。还可以借助这个活动模式向用户发送不同的文字或者语音小游戏，可以产生很好的营销效果。

（3）社交分享

进行微信营销活动，将企业融入微信活动中，通过用户分享开展营销活动。企业也可以借助对话沟通的方式开展营销活动，拉近与用户之间的距离。

（4）线上与线下（Online to Offline）营销

通过微信为用户提供电子会员，通过线上活动获取线下的会员优惠和服务，或者是利用产品折扣和优惠吸引用户关注，从而实现线下与线上的结合，开展线上到线下营销模式。

常见的微信营销手段有以下几种：

（1）直播营销

微信直播系统也称微信直播电商，是微信小程序的一种表现形式，搭载"二级分销商城"和"直播系统"两大功能板块。它是在微信的朋友圈、社群、好友"私域流量"、一对一群发等微信营销的基础上进行推广和直播带货的。流量用户的来源是微信好友、社群好友、朋友圈以及别人的微信社交圈等。其逻辑是：首先通过微信推广，让更多的私域流量帮忙推广以获取第一批直播流量，然后在直播过程中通过各种手段让看播流量进行二次转发获取更多的看播流量，最后根据主播的内容进行成交转化等。"二级分销商城"类似于手机淘宝，可实现商品的展示、搜索、下单，功能齐全，可通过微信二维码直接进入，支持优惠券、分销管理推广、模块化设置，企业只需进行简单设置即可拥有自己的商城，省时省力。"微信直播板块"是基于微信小程序直播二次开发的模块，企业可组合其他板块进行使用。它不但可以进行自定义封面图、列表样式、显示状态的设置，还可以在直播间挂载商品跳转链接实现粉丝经济转化。

简单来讲，微信直播营销就是在微商城中接入直播功能，通过视频、语音等直播卖货实现企业和客户不同空间的面对面沟通交流，从视觉、听觉等感官上促进客户更真实、全面地了解产品和服务信息，从一对一变成一对多，降低了售前咨询负担，提升售前咨询效率。

（2）微秒杀

当下较常用和流行的微信营销模式，在微商城中通过低价短时间营造用户紧迫感，促使用户快速下单。这种方式的微信营销不仅能提升店铺人气、打造单品爆款、促进销售和打造后续口碑，而且可以第一时间了解买家需求及对产品的反馈，以作为优化参考。

（3）微砍价

用户通过互动分享邀请朋友通过点击虚拟按钮帮忙砍价，以此低价或免费购得商品。这种方式的微信营销充分利用了微信的社交性，改变了企业与用户单纯的买卖关系，增加了营销的互动性和趣味性。对用户而言，不但可以增加与好友的话题互动，而且可以低价购得自己心仪的商品。对企业而言，不但增加了品牌的曝光与宣传，而且砍价需要关注公众号，这样一来又能对微商城进行有效的引流。

（4）拼团营销

通过以阶梯团、大团、小团、抽奖团等形式，让已成交的用户自主自愿地转发活动链接凑单拼团，以获得不同程度低价购买商品的资格。老客户带新客户参团购买，在促进老客户二次消费的同时，迅速获得更多新客户成功下单，可以说是聚合流量微信营销，促进变现。

（5）微信小程序营销

微信小程序一直以"轻应用、多场景"著称，是不需要下载安装就能使用的一个应用软件，用户只需要轻扫或者搜索应用即可将之打开，对用户来说使用特别方便。当下腾讯相当重视小程序的开发，对微商城而言，微信小程序不仅是新微信营销以及引流渠道，更是日后的主流渠道。

微信小程序的运营目标如下：

（1）增强用户体验

随着经济的高速发展，人们不仅追求商品价格，更看重过程带来的体验。良好的用户体验会给企业带来意想不到的收获。小程序的出现恰好解决了这个问题，能为用户提供一个友好的体验环境。

（2）打通线上线下渠道

现在对于线下的一些实体企业而言，它们缺乏一个能让产品在网络上进行曝光宣传的渠道。就目前的情况来看，最合适的渠道非微信小程序莫属了，微信小程序具有超强的引流体系，且操作方便，无须下载即可使用，再加上自身的流量优势，能够帮助企业快速宣传自己的门店，打通线上及线下的链接。

（3）品牌拉新

现在微信小程序已变成一个品牌企业培育私域流量的重要载体。它不仅是一个线上交易的平台，更是企业营销和打造个人品牌的天地。企业主可以通过运营这个私域流量来帮助品牌进行营销，深度挖掘微信的流量红利，利用小程序为品牌拉新。

（4）提升用户转化

小程序＋公众号，即在公众号里面加一个小程序的入口，将两者相结合。有了小程序的公众号，就可以将内容和流量进行变现，在公众号积累的粉丝，可以被导流到小程序，然后企业可以利用小程序所发布的产品内容和品牌忠诚度玩转粉丝经济，以达到运营和购买的相互链接。

微信小程序的运营方法如下：

（1）明确扫码功能

微信小程序的运营要明确扫码使用这个功能。微信小程序是一个对接线上和线下的应用。线下扫码可以说是一个最重要的入口，因为它承载了微信链接线下场景的重要功能。这个功能不仅让用户有便捷的操作体验，还能够提高线下实体行业的营销效率。

（2）合理利用小程序的搜索功能

要合理利用微信小程序的搜索功能，小程序在微信里的入口是搜索框，在微信首页的顶部右上角和顶部下拉后出现的页面中都有搜索框的存在。如今小程序的搜索功能支持模糊搜索，这就要求企业自己要进行名称的设计及关键词的布局。当然要根据大多数用户的搜索习惯去布局产品的关键词，这样曝光的机会才会更大，从而带来更多、更精准的流量。

（3）合理利用分享功能

小程序是可以在微信好友和微信群聊之间进行分享的，并且企业在运营小程序的时候，可以把拼团购买、秒杀等活动都融入小程序里，例如，好友拼团买单，不仅有利于小程序的传播，而且能够提高盈利和引流的效果。

2. QQ营销

腾讯QQ（简称QQ）是腾讯公司开发的一款基于Internet的即时通信软件。腾讯QQ支持在线聊天、视频通话、点对点断点续传文件、共享文件、网络硬盘、自定义面板、QQ邮箱等多种功能，并可与多种通信终端相连。

目前 QQ 已经覆盖 Microsoft Windows、MacOS X、Android、iOS、Windows Phone 等多种主流平台。QQ 群是腾讯公司推出的多人聊天交流服务，可以邀请朋友或者有共同兴趣爱好的人到一个群里聊天。在群内除了聊天，腾讯还提供了群空间服务，在群空间中，用户可以使用群 BBS（电子布告栏系统）、相册、共享文件、视频以及语音聊天等多种方式进行交流。QQ 空间具有博客（blog）的功能，自问世以来就受到众多人的喜爱。在 QQ 空间既可以书写日记、上传自己喜欢的图片、听音乐、写小说、给好友留言，又可以玩游戏、传照片和发布各种信息。

QQ 营销，是指通过 QQ 的各个公开平台，向特定的目标客户进行营销推广。可以通过 QQ 平台进行网络营销的渠道有 QQ 好友、QQ 群、QQ 邮件、QQ 空间等。其中，通过 QQ 群寻找和聚拢目标客户是 QQ 营销获得受众的基础，其他营销方式也可在 QQ 群营销中的推广方法中应用。

QQ 营销可以用以下三种方式来进行。

(1) 群发广告方式

操作策略：一是广泛群发，即在各类 QQ 群广泛群发广告，覆盖面较大，适合大众用户；二是精准群发，即在目标人群的 QQ 群中发广告，适合针对性的特定用户。

操作步骤：

一是加 QQ 群。在 QQ 中查找群时，输入产品的相关关键词，可以找到目标人群，尽可能加一些人数多、活跃度高的 QQ 群；在相关网站查找 QQ 群，如旅游论坛，就能找到旅游相关的 QQ 群。

二是在群里获得好的排名。从推广角度来讲，在群里排名好的 QQ，可以提升曝光率从而增强产品的推广效果。

三是建立感情。进群后需要在群里多交流，熟悉群员再发广告。

四是发广告。在聊天中巧妙植入广告；用小号引话题，用大号推广产品；使用 QQ 群发软件发送广告；利用 QQ 群邮件发送广告。

(2) 引导用户方式

操作策略：自建 QQ 群，吸引潜在客户加入，慢慢引导。

操作步骤：

一是建立 QQ 群。多建几个 QQ 群，群名称简介要跟产品关键词有关。

二是导入潜在用户。在同类 QQ 群宣传本群，在相关的论坛、商城、博客、微博宣传本群。

三是树立权威。分享有价值的资源、免费帮助群成员解决问题、多发幽默图片、多组织线下活动等。

四是发广告。在聊天中植入广告或通过群邮件发送广告。

(3) 维护客户，促进销售

操作策略：通过 QQ 聚集客户资源，对客户进行维护，提升客户忠诚度，促进多次购买。

操作步骤：

一是建立 QQ。

二是加客户为好友。

三是维护客户关系。对客户进行分组，并为每个客户添加一些备注信息，如客户的购买次数、需求等。

四是引导客户多次购买。

典型案例 4-3

企业数字化营销：腾讯企点

腾讯企点以即时通信、音视频、人工智能、大数据、云呼叫中心等科技为基础，结合微信、QQ 社交通路，提供从营销孵化、销售转化、交易协同到客户服务的全场景企业级 SaaS（软件即服务），提升企业获客、待客、留客的效率，实现企业数字化智慧经营的全面升级。

腾讯企点可提供营销、销售、运营和服务全流程解决方案，可单独或联合使用，适用于各种规模的企业。

（1）企点客服

全渠道智能客服，可促进销售转化，提升服务体验及客户忠诚度。

微信公众号、小程序、QQ、App、网页、电话等全渠道触达客群。智能推荐、机器人、工单、质检等功能可以帮助客服团队促进销售转化与复购，提升服务体验及客户忠诚度。

（2）企点呼叫中心

云化呼叫中心，支持业务快速成长；智能外呼，高效触达精准客户。

云端架构更灵活，支持快速部署、弹性扩容。精准洞察客户需求，通过智能外呼提升接听率、促进潜客成单。智能路由、自动化录音质检、机器人外呼等功能可提升人工效率、降低人力成本。

（3）企点营销

全渠道智能营销管理平台，可帮助企业市场部实现数据驱动营销，全链路私域运营增长。

企点营销的客户增长引擎 CDP，驱动企业业绩增长，数据创造无限可能。

企点营销的北极星营销 MA，全渠道潜客精准触达，自动化线索评分培育。

企点营销的私域管家 SCRM，私域营销增长，社交销售转化。

(4) 产业智连

连接产业上下游，优化供应链总体效能；促进信息流、商流、物流、资金流四流合一。

企点商通：产业上下游智能沟通连接器。AI技术提升商机获取、交易撮合效率，获得更多客源和生意。

企点领航：为企业提供高度灵活、可配置、可扩展一站式平台，面向垂直行业，构建产业生态圈。

(5) 开放平台

全面升级的开放应用程序编程接口（Open API）开放平台能力，无缝对接企业现有关键业务系统［客户关系管理（CRM），企业资源计划（ERP），供应链管理（SCM），人力资本管理（HCM），财务管理（FIN），商业智能（BI）］与专业的合作伙伴共同助力企业用数字化、社交化、智能化科技更好地连接和理解客户，并通过个性化的沟通和互动方式全面升级客户体验，落地各行业数字化转型升级的战略目标和价值。

（三）社群营销

随着微信生态发展，企业与用户间的连接越发多元，社群不仅能满足人群间的社交需求，而且能配合微信支付、小程序、企业微信等工具形成交易闭环，构建出一整套围绕社群组织与商业深度连接的新业态。社群中的海量信息既是用户资产的流量池，又是供应链优化的数据池。把社群做成"超级社群"，把用户和销量做大，企业才能构建起完整的"私域业态"。

社群常见的三种模式：

1. 营销型社群

营销型社群是指营销频率高，以营销活动、优惠分享和销售转化为目标的社群模式。

营销型社群又可细分为折扣型、裂变型和通知型。折扣型社群是以强折扣、抢购、秒杀等活动为主要特征的社群，而裂变型社群则主要承载着拼团、砍价、助力等作用。这两种社群也可交叉使用，以便发挥出更优效果。除了折扣和裂变外，以活动通知、品牌宣传为主要内容的通知型社群也是营销社群的一大类别。群管家通常会在活动前夕引导人群，预热活动内容，引导人们参与活动。

2. 内容型社群

内容型社群是打造内容运营的社群模式，可以分为教程信息导向、话题导向和直播短视频导向。群管家通过在群内有计划地发布教程、话题、视频等方式，触达用户并持续解决疑问、满足需求，维持群内成员活跃度和互动性，进一步寻求销售转化。

3. 服务型社群

服务型社群是以提供售前和售后服务为主的社群模式。虽然产品消费频次低，但可以通过服务型社群提供可靠的售前咨询，从而积累意向客户，然后在促销节点进行销售转化。社群能帮助企业降低触达用户的成本，社群的本质就是社交，有价值的私域流量都是在企业与用户间的高频互动中产生的。

如何构建自己的私域流量？一是通过线下活动，企业可利用互动工具，提前将参与码替换为自有公众号二维码，用户扫码关注后即可参与互动；二是通过线上营销，企业可在社交平台利用抽奖、投票等互动工具，引导用户关注公众号，进入社群。在社群日常运营中，也可利用工具不断进行促销活动。

（四）会员营销

消费者对企业的好感和忠诚度，决定了企业能否持久存在。这就需要在企业和消费者之间建立深度连接。有温度才有喜爱，有喜爱才有忠诚，有忠诚才有长期的陪伴成长。因此，"流量"不如"留量"，只有真正留下来的消费者数量不断增加，才能提升营销效果，降低营销投入，提升复购和转化，做到真正的降本增效。

什么是会员？会员是指某些团体和组织的成员或通过正式手续加入某个会社和专业组织的人。消费者一旦成为会员，就能大大增加被"留住"的概率，可以享受到更好的服务和更多的优惠，而企业也可以降低增长成本，提升信赖和黏性，以及促成更多、更高频的复购。

1. 会员营销的本质

会员营销的目的在于引导消费者与企业长期保持活跃关系，深入各项业务，甚至主动向身边人推荐，促使消费者购买、使用企业产品及相关服务，最大化地提升消费者的价值。

会员体系一般包含成长值和积分激励板块。一般会以称号等级、数字级别、身份标签、勋章荣誉、排行榜等方式确定消费者在平台的等级或所处位置，给消费者直观的身份感知。

这种身份的获得由消费者在平台的贡献和价值决定，与身份或等级对应的是平台提供的各种权益，尤其是越高等级的消费者享有至尊权益或专属特权。因此，对越高等级的消费者，更珍惜身份的稀缺性，与平台有更强的黏性。对头部平台或有知名度的平台消费者，拥有较高等级的身份也象征着一种荣誉。

2. 会员的分类

（1）授权会员。客户仅须授权个人 ID，甚至无须授权手机号就能成为平台的基础会员。

（2）注册会员。除需要填写基础用户信息外基本无门槛，通常互联网行业为了提升注册转化率只要授权手机号即可，线下可能会采集手机号、生日信息等。部分有会员精细化经营思维的企业会针对行业定制一些补充信息进行填写，目的是获取消费者的真实信息与联系渠道，与消费者建立更加紧密的联系，通过该联系可以更便利地向消费者推送商品/活动信息。

（3）储蓄会员。可通过充值一定的预付款成为会员，常见于线下，目的是增加消费使用的频次，增加消费力，往往储蓄会员同时会伴有消费上的优惠行为，如充值1000元赠送100元，消费再享8折优惠等，引导消费者完成储蓄行为。

（4）限时会员。支付一定的费用在某个时间节点前可使用相关会员权益，目的是提升使用体验，到期后会降级为普通用户，再无法享受相关权益。这种方式能引导消费者到期续费继续使用相关权益。

（5）荣誉会员。根据消费者的行为获得会员，常见的指标有使用行为、支付行为、消费金额等，如消费金额达到某个量级便可获得相关优惠或节日答礼，目的是满足消费者炫耀的需求，从而扩大产品的影响力，还有一类是针对为企业做出突出贡献的会员，可以给予精神激励。

3. 会员营销的做法

（1）信息透明，方便消费

企业根据客户消费能力进行积分排名与会员等级细分，如传统的会员划分为初级会员、中级会员、高级会员、特级会员、殿堂级会员；普通会员、VIP会员、VVIP会员；会员、铁牌会员、铜牌会员、银牌会员、金牌会员、钻石级会员等。不同等级的会员将享受不同的价格优惠与专属服务。企业会通过各种通信渠道，如微信、QQ、E-mail、手机短信、邮寄等方式，定期向会员传递节庆信息、农副产品促销活动信息、会员积分及等级变更信息、生日礼品或节日礼品派送等，以方便会员消费，使不同级别的会员享受不同产品的优惠策略与专属接待服务。

（2）会员独享，优惠特卖

企业应减少或取消面向大众的打折销售，若有需要促销的农产品，可举办会员独享的优惠特卖活动。这种方式既可以帮助企业消化积压的农产品，还可以强化会员对企业的归属感，又不损伤企业品牌形象，可谓一举多得。

（3）信息传递，情感交流

针对会员定期进行会员活动日计划，不定期举办与产品相关的专题讲座或沙龙活动，使会员养成对企业文化的认同感与归属感，并能与行业专家或领军人物进行面对面的交流，增强情感互动与沟通，夯实会员基础。

（五）内容营销

为了吸引更多消费者的关注，企业要了解消费者的兴趣，站在消费者的角度思考什么是他们想要的，用内容来激起消费者的情感共鸣。内容营销就是通过优质的内容吸引用户，以视频、图片等形式来宣传企业相关文化，促进营销。相比于传统营销较硬的广告宣传，内容营销更偏向软广，消费者也更容易接受这种形式。

内容的分类包括：热点性内容，即某段时间内搜索量迅速提高，人气关注度节节攀升的内容；时效性内容，即在特定的某段时间内具有最高价值的内容；即时性内容，即该内容能充分展现当下所发生的物和事；持续性内容，即该内容的含金量不受时间的变化而变化，无论在哪个时间段该内容都不受时效性限制；方案性内容，即具有一定逻辑符合营销策略的方案内容；实战性内容，是指通过不断实践在实战过程中积累的丰富经验而产生的内容；促销性内容，即在特定时间内进行促销活动产生的营销内容。

如何进行内容营销？

（1）找用户

寻找企业的目标用户群体，有需要的用户才会发生购买行为，做好用户定位后，对于内容布局也是有帮助的。比如乳制品行业受众的年龄段主要集中在20~49岁，占比达到90%，是消费的主力军。

（2）树概念

这里说的概念主要指品牌推广，传播品牌文化，打出自己品牌的特色，重点强调差异化，强调别人没有而自己独有的技术或功能。

（3）立人设

账号定位不同，树立的人设也不同，有企业官方账号定位，也有个人定位，发布的文章内容要结合人设来写，以便进一步包装账号，让账号更具真实性。

（4）确定渠道

内容可以发布的渠道有很多，如微信公众号、小红书、知乎、微博、抖音等平台，根据需要，企业可以自由选择发布的渠道，做得比较好的企业建议搭建自媒体矩阵，再根据每个渠道的特性，如关注度、点击量等内容，确定可以做的内容。

例如，在微信公众号平台推送复购率高的产品，效果会更好；在抖音平台可以发视频、做直播、做付费的广告推送；在小红书平台可以发布图文和视频，该平台上，美妆类、旅游类的推广较多。

（5）了解各平台算法机制

确定渠道之后，还要研究各个平台的算法机制，了解内容是如何推送的，每个平台都会有些差异，但核心是一样的，都是根据用户兴趣、用户标签及停留时长来推送的。

（6）生产优质内容

内容营销，内容是根本，那么什么样的内容可以激发用户的购买欲望呢？当然是优质的内容了，优质的内容往往具备以下要素：

① 关注用户需求

用户需求是内容生产的核心，比如用户会更倾向产品的价格和质量，若是文章一直强调产品性能，那么在用户眼里这些内容对他们就没有价值，内容营销要抓住他们最想了解的信息。不清楚用户需求时，可以看用户问的问题是什么，搜索的关键词是什么，还可以写些不同产品特点的文章，再看哪类文章的浏览数据更好。

② 与用户共情

简单地说，就是要写出用户的心声，从消费者的角度来看产品。可以从自己第一次使用产品的体验说起，表达自己使用后的感受，有相关需求的用户看到后也会比较认同。

③ 利他性

内容有利于用户的无非是解决痛点和优惠，可以介绍产品能给人带来什么样的好处，可以解决什么麻烦等；降价优惠时也可以重点说明一下，很多用户会趁着优惠活动囤货。

④ 使用一些有"号召力"的引导语

在标题或者文章中加一些促进转化的引导语，如购买、优惠、关注、包退、限时等，这些词语都具有行动力和号召力，如"扫码关注公众号，免费送小礼品"等。

内容营销的技巧如下：

（1）了解消费者心理

可以对消费者购买时的心路历程进行有针对性的营销。消费者在不同阶段购买时的心路历程如下：

① 认识阶段

心理认知：了解产品，有需求，寻找解决方案。

内容方向：介绍产品信息，明确用户需求。

② 考虑阶段

心理认知：寻找其他同类型产品，关注细节及功效。

内容方向：演绎使用构成，与其他产品进行分析对比，回答产品使用的常见问题。

③ 购买阶段

心理认知：还有一点犹豫，对产品也有期待。

内容方向：分享购买使用心得。

（2）借助节日营销

借助节日的噱头，根据节日的主题进行活动推广，围绕活动写软文宣传，促进销售。

（3）利用热点营销

蹭热点是做内容的一个利器。但遇到合适的热点，要思考以下几个问题：

受众群体对这个热点感兴趣吗？

企业主题和蹭热点主题是否契合？

热点内容是否符合企业文化？

能否在短时间内想出并实现创意点？

如果对上述几个问题的回答是肯定的，那么就可以跟进热点进行营销了，提取出企业和热点新闻的关联性,以有利于用户的部分为方向,确定传播渠道并做推广。

(4) 引用故事营销

精彩的故事可以吸引用户的注意力,有的故事可以振奋人心,有的故事让人心生同情,有的故事让人感同身受,很多时候我们都可以用故事来传达企业的思想。例如,很多企业家会利用自己创业的故事打造自己的品牌,引出自己的核心观念,这种方式比较容易被消费者记住。

(六) VR 和 AR 技术网络体验营销

随着媒介形式的升级,企业进行营销时,对媒介的互动性、反馈性要求越来越高。从最传统的户外广告到纸媒再到数字媒体,在这些营销模式下,消费者大多都是被动的。当市场营销碰上 VR 和 AR 技术,超强的虚拟体验感,正前所未有地冲击着消费者的感官。

1. VR 体验营销

VR(virtual reality,虚拟现实)技术主要依赖三维实时图形显示、三维定位跟踪、触觉及嗅觉传感技术、人工智能技术、高速计算与并行计算技术以及人的行为学研究等多项关键技术的发展,人们戴上立体眼镜、数据手套等特制的传感设备,面对一种三维的模拟现实,似乎置身于一个具有三维的视觉、听觉、触觉、嗅觉的感觉世界,并且人与这个环境可以通过人的自然技能和相应的设施进行信息交互。传统的体验营销只是开展免费的或趣味性的营销活动,调动消费者的积极性,扩大品牌的知名度。而加入 VR 技术的体验营销使得体验更生动、更立体、更逼真,给用户带来感官刺激最为强烈的沉浸感,即重度参与,感同身受。它对消费者感官上的刺激,让消费行为比任何时刻都要来得冲动,产生一种"我想要的现在就要"的购买欲。VR 营销的真实感不仅可以让产品出现在消费者的生活场景中,而且可以融进消费者的情绪中,引起消费者的共鸣与需求。

具体来讲,VR 体验营销的优势如下:

(1) 交互式体验提高了宣传效率

VR 营销的沉浸式体验和深度交互特性,非常贴合体验式营销的理念,让人感觉置身其中,带来真实的交互体验。随着科学技术的发展,图片和视频已无法满足客户对企业产品真实信息的需求,现在人们更迫切地想要知道这家企业是否真实存在,是否有能力提供相应的服务或产品,产品真实的样式如何等信息。利用 VR 全景可以实现实物产品和环境的逼真化再现,让客户的感受更直观、更真实可靠。

(2) 立体展现产品更有吸引力

VR+优质内容,就像给营销注入营养一般,可以给营销带来跳动的生命力。全景 VR 可以做到上、下、左、右、前、后全部场景无死角展示。而 VR 营销对产品的立体展示,能推动平面广告向沉浸式广告转变,让产品拥有灵魂。

（3）感情营销增加深度交互

将语音、图文解说、音乐、人机交互与虚拟场景融为一体，进行720°全视角展示，使产品更形象，更具美学价值，更好地将品牌的故事性与情感传递给消费者，实现品牌与用户之间的深度交互。

2. AR体验营销

AR（augmented reality，增强现实）。增强现实技术是一种将真实世界信息和虚拟世界信息"无缝"集成的新技术，是把原本在现实世界的一定时间及空间范围内很难体验到的实体信息（视觉信息、声音、味道、触觉等）通过电脑技术等科学技术，模拟仿真后叠加，将虚拟的信息应用到真实世界，被人类感官所感知，从而达到超越现实的感官体验。真实的环境和虚拟的物体实时地叠加到同一个画面或同一个空间。在视觉化的增强现实中，用户利用头盔显示器，把真实世界与电脑图形多重合成在一起，便可以看到真实的世界围绕着它。增强现实技术包含多媒体、三维建模、实时视频显示及控制、多传感器融合、实时跟踪及注册、场景融合等新技术与新手段，提供在一般情况下不同于人类的可以感知的信息。

虽然VR呈现了一个100%的虚拟世界，把物理世界进行数字化，构建了一个人人都可参与的虚拟空间，并且没有人数限制，但是这种虚拟空间和物理世界并没有交集，人们更多用VR进行全沉浸式的社交游戏。而AR则可进行虚实叠加，戴上AR眼镜，可以看到数字内容叠加到真实环境里，实现了人和环境、人和人、人和机器共有的交互界面。以现实世界为主体，可将虚拟商品一键投射到现实场景中，为用户和商家提供全新的商品体验和展示方式，实现"所见即所得"。近年来，AR技术不断运用于电商场景中，在打通线上线下、增强互动、提升参与感等方面给行业和商家进行赋能。AR不仅是一项技术，而且是一种内容载体，一种媒介形式，为消费者和品牌商打开新视界的大门，使购物体验更多元化，能够准确地进行购买判断。

AR技术打破了用户和媒介仅是对视关系这一局限性，在当下内容决定流量的互联网环境里，它已经成为继文字、图片、视频、HTML 5之后又一营销标配。AR营销不仅可以快速吸引用户的注意，其强沉浸感也会增加消费者在应用上停留的时间，比传统营销更容易产生扩散效果。通过AR技术，用户看到的不再是单一的图片或文字，而是一个小游戏或一个有趣的小场景。将内容营销具体到某一件产品，丰富了产品内容的承载空间，从被动参与到主动加入，吸引用户自发形成传播。营造真实场景进行互动，也是AR营销的一种方式。比如打造下雪场景，让用户置身雪景中，对着镜头比心及进行手势互动，利用虚拟技术展示爱心等。这些都增加了产品传递的趣味性，互动过程中也能引导用户进行社交分享，提高产品曝光度，从单产品的销售到场景化的打包推广，给商家增加了更多的商机。

AR技术可以实现场景交互，直接查看商品在现实场景中的摆放效果。AR视界会根据用户的不同需求定制3D交互体验场景，用户可以通过手机屏幕交互直接打开商品，查看其内部构造，了解具体细节，通过移动及旋转来观看商品尺寸，搭配不同颜色等，缩短了商品与用户之间的距离。

AR 技术除了针对线上电商产品的展示外，对线下向线上的转化也具有独特的意义。传统线下广告的呈现形式，多以地铁灯箱、户外广告牌等外部媒介资源为主，这些营销方式初期可能有效，但随着内容电商、直播营销等社会化媒体的崛起，就很难在用户心中留下深刻的印象。使用 AR 技术可以让用户快速了解眼前的产品，让产品变身媒介，形成线上＋线下的营销闭环。举例来说，如今人们和互联网的一个重要交互界面就是搜索。在街上看到一家商店，想知道是否打折，需要在手机上输入产品名，才能获取价格信息。有了 AR 眼镜，就可以在真实环境里完成信息的搜索和提取。看到商店以后，想看打折信息，实体店旁边就会跳出该店的打折信息，这样的沟通界面将更加友好。AR 技术，把数字世界和物理世界融合到了一起。戴着 AR 眼镜，裸眼看到的物理世界上面会叠加一个数字层，对人们看到的物理空间进行解释，让环境变得更容易理解，信息更容易提取，交互更方便。当人们面对困难时，可以通过叠加的数字层，进行信息检索，与他人互动，共享界面，寻求协作，让一切变得更加容易。

在充满多变的大环境下，谁可以给用户带来更好的服务和体验，给产品带来更好的传播效果和更高的转化率，谁才更有可能抓住新的机会。

第五章 乡村休闲旅游人才培养创新

一、加强我国乡村休闲旅游人才培养的重要性

(一) 我国快速发展的乡村休闲旅游对人才的需求日益紧迫

作为乡村产业的新业态,以休闲娱乐、健身康养、科普教育、农事体验等为内容的乡村休闲旅游迎合了现代人向往青山绿水的精神需求,为城市居民打开了一扇栖居田园的门,为乡村产业振兴开辟了一条全新的路。特别是近年来,云端慢直播、乡村夜经济等各种新话题和新场景为乡村休闲旅游解锁多种玩法,乡村休闲旅游成为城市居民休闲、旅游和旅居的重要方式,再次成为乡村产业的新亮点。民宿经济、生态康养经济、后备箱经济等增长点成为推动乡村休闲旅游提档升级的法宝。乡村微度假、乡土研学、乡村露营等新业态让乡村休闲旅游的内涵更加丰富与深刻。

与乡村休闲旅游的蓬勃发展态势相比,乡村休闲旅游的从业人员总量供给不足。这是由于在我国城镇化与工业化发展的过程中,大规模的人口和资源要素从以农村为中心的传统农业部门向以城市为中心的现代工业部门转移,乡村相较于城市对人才的吸引力不够。随着我国脱贫攻坚战取得全面胜利,"三农"工作重心转向全面推进乡村振兴,亟须加快乡村休闲旅游人才队伍建设,为相关工作提供强大的支持。

(二) 新时代乡村休闲旅游发展需要不同类型的专业人才

乡村休闲旅游发展到今天,出现很多新类型。除了田园农业、休闲农庄、农家乐、农业科技园、观光采摘园等类型,目前我国乡村休闲旅游还涌现出很多新业态,概括起来有十大类型:国家农业公园;休闲农场/休闲牧场;乡村营地/运动公园/乡村公园;乡村庄园/酒店/会所;乡村博物馆/艺术村;市民农园;高科技农园/教育农园;乡村民宿;洋家乐;文化创意农园。每种类型的开发模式、目标市场、经营理念、运营管理等都不尽相同,对专业人才的需求也略有不同。这些新业态的出现,对乡村休闲旅游的人才培养提出了更高的要求,亟须培养一批乡村文艺、乡村文创、民宿经营、旅游向导服务、研学指导、农产品供应、旅游交通运输、农业经理人等方面的专业人才。除此之外,还需要农业、建筑、艺术、手工、民俗等各个行业的当地传承人与创新者。因此,需要加大各类人才培育力度,提高乡村休闲旅游从业人员的质量。

(三) 乡村休闲旅游的核心竞争力是人才

我国的乡村休闲旅游已进入深度运营时代，同行之间的竞争日益激烈。深度运营依靠的是优秀的专业人才，要提高行业竞争力，就必须高度重视人才的培养。以现在受到热捧的乡村民宿为例，民宿的专业性是指民宿建造、装修、经营管理与服务等方面所达到的专业化程度，主要体现在科学的市场定位、产品的特色定位、环境的艺术装饰、服务的规范化等方面。然而目前有近60%的民宿经营者初进住宿业，涉足住宿经营1~3年的经营者仅占三成，因此，仅凭情怀并不能形成优质的产品，需要通过专业化的经营才能赢得市场的青睐。专业化的经营是通过专业化的人才实现的，乡村休闲旅游行业之间的竞争，说到底还是人才的竞争。

(四) 乡村休闲旅游人才培养是落实国家关于人才振兴政策的实施路径

《中共中央办公厅 国务院办公厅关于加快推进乡村人才振兴的意见》（中办发〔2021〕9号）提出，坚持农业农村优先发展，坚持把乡村人力资本开发放在首要位置，大力培养本土人才，引导城市人才下乡，推动专业人才服务乡村，吸引各类人才在乡村振兴中建功立业，健全乡村人才工作体制机制，强化人才振兴保障措施，培养造就一支懂农业、爱农村、爱农民的"三农"工作队伍，为全面推进乡村振兴、加快农业农村现代化提供有力的人才支撑。根据《第三次全国农业普查主要数据公报》（2017年）的统计数据，全国农业生产经营人员的受教育程度普遍在初中及以下，37%的农业生产经营人员学历为小学，大专及以上学历的仅为1.2%。一方面，我国农村正处于社会转型关键时期，人口外流导致乡村缺乏人气和活力，特别是贫困村，那些有文化、懂技术、会运营的农村青壮年大量出走，使农村出现人口老龄化、农村空心化、农户空巢化，农村发展遇到人才短缺的问题。乡村要振兴，就必须改变这种情况，充分调动广大农村基层组织及广大农户的积极性和创造性，将培育本土乡村休闲旅游人才放在人才培育的重中之重。另一方面，要做好人才引进工作，招引聚集乡村外部的优秀人才，利用区位、环境优势，通过政策、税收、土地、激励等优惠举措带人才回流，与科研院校等机构合作，开展乡村休闲旅游教育培训，吸引人才创业就业。

二、我国乡村休闲旅游的人才现状

(一) 经营主体中管理型人才缺乏，服务型人才比重过大

乡村休闲旅游是农村一二三产业融合的新兴产业，对管理人员的要求比较高：既要掌握种植、加工方面的知识，又要懂得营销的策略和技能，以及旅游接待服务方面的规范和要求。我国的农业园区、农庄、民宿的从业人员，多数是由当地农村剩余劳

动力转移过来的，受教育程度较低，服务意识和水平总体不高，且服务型人才较多。

（二）新时期多元化人才缺口比较大，不能适应创新发展的要求

乡村振兴，既要塑形，又要铸魂。随着文旅融合的深入发展，乡村休闲旅游与文化的结合领域越来越宽泛，乡村休闲旅游的创新发展从文化角度的考量越来越多，与此相适应，对乡村休闲旅游人才培育的内容也带来了新的挑战。其中包括对创意创作、经营管理、文化产品和公共服务等人才素质和能力的跨学科、跨专业、复合型人才，对策划、设计、产品、营销等方面的创新创业型人才，对致力于实现非物质文化遗产技艺传承与发展乡村休闲旅游的人才，对艺术手段与传统艺术形式相结合的创新型人才的需求凸显。以农家乐为例，在我国最早发展起来的农家乐经过多年的发展，以前的经营内容、服务品质已经不再适应都市人们的新需求，尤其是乡村民宿的兴起和冲击，一些经营理念还没转变和提升的农家乐老板不得不退出农家乐的经营。

（三）智能化人才缺乏，传统型人才再培训已成为必需

互联网时代，乡村休闲旅游与其他产业一样，需要的是具有互联网思维和操作能力的专业人才，尤其是在新冠疫情期间，众多行业或产业遭受重创，停业、停工，甚至倒闭，乡村休闲旅游产业也不例外。但是企业通过会员制培养起来的忠诚用户，虽然不能够去实地体验和消费，但是可以通过线上订购的方式实现农产品的配送。营销方面，从最开始的淘宝营销、微博营销、贴吧营销、QQ营销等到当下的微信营销，以及已经出现的直播引流和短视频App营销等，都需要信息化能力较强的专业建设人才，掌握了人工智能、新媒体及新科技手段的人才成为企业招聘的宠儿，传统型人才再培训明显准备不足，原有员工经过再培训完成生产力再造已迫在眉睫。

三、我国乡村休闲旅游人才培养的类型及途径

（一）我国乡村休闲旅游人才培养的类型

按照文化和旅游深度融合的新要求，乡村休闲旅游大致分为民族民间舞台表演类、民间手工艺和非遗技艺类、创意产品开发设计类、品牌营销推广类、经营管理类和行业服务类等类型。大致可总结为三类人才：

一是党和国家方针政策的传播者和宣传者。乡村休闲旅游人才作为基层一线工作者，为广大人民群众提供最基础的公共文化服务和旅游产品，是宣传党和国家方针政策、弘扬社会主义核心价值观、面对面与群众直接交流沟通的"百姓贴心人"。

二是乡村优秀传统文化的传承者和弘扬者。包括各级非物质文化遗产代表性传承人、从事乡村文化技艺的能工巧匠、乡村民族民间优秀文化的传播者等。

三是乡村休闲旅游融合发展的推动者。包括从事乡村旅游服务、策划开发、文创设计、产品营销等经营管理类人员。

(二) 我国乡村休闲旅游人才培养的途径

1. 全日制教育

全日制教育是在国家规定的修业年限内，全日在校学习的教育形式。目前，我国全日制教育只有高等职业教育（专科）开设了休闲农业专业，部分本科院校在旅游管理、园艺、设施农业科学与工程等专业的人才培养中设置了"休闲农业"的相关专业课程，一些研究生授予点院校在研究方向上设置了"休闲农业"方向。根据教育部印发的《职业教育专业目录（2021年）》，"休闲农业经营与管理"被正式列入《高等职业教育专科专业目录》农林牧渔大类下的农业类，专业代码为410118。2022年9月7日，教育部发布了《职业教育专业简介（2022年修订）》，并在《高等职业教育专科专业简介》中对休闲农业经营与管理专业进行了说明和解读。据了解，目前开设休闲农业经营与管理专业的高职院校有北京农业职业学院、成都农业科技职业学院、苏州农业职业技术学院、湖南生物机电职业技术学院、江苏农林职业技术学院、江苏农牧科技职业学院等。这些院校利用现有的专业基础，融合旅游、园艺、畜牧等专业背景开展乡村休闲旅游人才培养，并取得了一定成效。

2. 继续教育

职业教育、高等教育、继续教育贯穿人的一生。其中，继续教育服务领域宽，服务品种多样，服务方式灵活。既有面向学历的正规或非正规教育，如高等教育自学考试（自考）、网络教育（远程教育）、成人高考（学习形式有脱产、业余、函授）、国家开放大学（国开）等形式，又有大量的非学历或非正式教育培训，成为人力资源市场供需关系调节的有效路径。注意：2022年秋季，网络教育停止招生，自学考试专业减少，国家开放大学限额实施人脸识别。《教育部关于推进新时代普通高校学历继续教育改革的实施意见》要求，自2025年秋季起不得使用高等教育、继续教育"函授""业余"名称，而要统一为"非脱产"。主办高校可根据专业特点和学生需求，灵活采用线上线下相结合的教学方式。

对乡村休闲旅游而言，继续教育承担着乡村休闲旅游人才知识更新、培训的任务。目前，国家开放大学（原中央广播电视大学）、中央农业广播电视学校等成人教育系统主要以自学方式、中专学历教育等方式面向全体社会成员、广大农民开展乡村休闲旅游专业人才培养，培训内容涉及休闲农业、现代农业技术、农村电商、创新创业型人才等，在提升基层乡村休闲旅游从业人员素质方面发挥了重要作用。

3. 短期培训

2018年《关于大力发展休闲农业的指导意见》中提出，要依托职业院校、行业协会和产业基地，分类、分层开展休闲农业管理和服务人员培训，提高从业人员的素质。

这些短期培训主要是为了满足乡村休闲旅游产业规模扩张引发的人才需求量的激增，承办方多为政府、高校、行业协会及咨询机构等。因承办方所处角度不同，培训的主题多样，多以专题讲座形式进行。以北京蓝海易通咨询有限公司为例，作为一家致力于农业农村发展，从区域农业发展咨询、乡村旅游策划规划到具体项目实施和落地运营的企业，自 2007 年成立以来，其培训内容涉及乡村休闲旅游顶层设计、盈利模式、爆品打造、品牌营销、文化创意等系列课程，累计培训 7 万余人次，实现了企业经济效益和社会效益的双赢。

四、乡村休闲旅游人才培养的创新实践

（一）高素质农民培育——学历提升

为探索一条行之有效的高素质农民学历提升道路，为北京郊区培养一批有文化、懂技术、会经营的高素质农民，北京农业职业学院自 2016 年就开始整合资源，开展了高素质农民学历提升工程，并取得显著成效，受到社会各方的高度关注。其中，休闲农业经营与管理专业的人才培养内容如下：

1. 培养目标

（1）行业区域定位

作为北京市实施高素质农民学历提升工程的重要组成部分，用三年全日制教学为京郊培养一批思想政治坚定、德技并修、全面发展，适应乡村振兴战略总体要求，具有高度社会责任感和职业道德、良好科学文化素养和自我发展能力，掌握乡村休闲旅游基础知识、专业知识和操作技能，面向休闲农业企业、乡村民宿、乡村休闲活动等领域的高素质农民。为北京发展都市型现代农业产业，提升高素质农民数量和质量，促进乡村振兴战略的实施发挥积极作用。

（2）同行定位

不同于国内其他高职院校休闲农业经营与管理专业面向高中应届毕业生、三校生等培养高等职业技术人才，北京农业职业学院的休闲农业经营与管理专业适应北京地区社会经济发展需求及行业发展趋势，培养高素质农民。

2. 学情分析

从总体来看，学生具备一定的农村经营管理基础，熟悉农村现状，掌握了一定的农业专业技能，部分学生善于思考和创新，且具有较为丰富的休闲农业园区和乡村旅游经营管理实践经验。但文化基础较为薄弱，缺乏系统的专业基础理论学习，书面表达能力较弱。

3. 教学方式

根据学生特点，实行灵活的教学方式，主要体现为"四个结合"：即理论教学和

实践教学相结合，集中学习和分散学习相结合，线上学习和线下学习相结合，共性考核和个性考核相结合。人才培养模式要贴近农民生活，使学历教育与生产实践紧密结合。

4. 培养效果

为了深入了解学生对培养方式的反馈意见，下面以2019届首批毕业生为调查对象，做一个简单的问卷调查。共发放问卷26份，回收24份。分析结果如下：

(1) 职业/岗位变动与课程学习方面

24人中，8人的职业/岗位没有变化，16人的职业/岗位发生变化。在16位岗位有变动的人员中，有6人的职业/岗位有显著发展，由原来的农技员，分别发展为村委委员、园区管理人员、党建助理员以及自主创业人员；有7人由农技员转为其他岗位，如科室办事员、客服、电脑员、村级报账员、社保协管员等。

24人中，认为所学课程有很大帮助的比例高达100%，帮助很大的课程有休闲农业概论、管理基础、计算机应用、办公自动化、沟通技巧与礼仪、休闲农业活动设计与组织、统计、农村政策与法规、农村财务管理、旅游心理学、农产品营销、农村电子商务、茶艺、思政课等。

对比分析可以发现，在校学习的相关课程，直接或间接丰富了学生的知识体系，提升了学生的专业能力，加强了学生的人文素养，为学生从服务岗位转变为管理岗位或综合岗位打下了基础。

(2) 教学管理和毕业实习/毕业论文方面

24人中，有23人认为学校的教学管理很负责，有1人认为较高，由此可以看出，学院的制度管理和人员管理得到绝大多数同学的认可。但有同学在主观建议方面提出需要进一步压缩在校学习时间，带领学生多开展专业实践和观摩等。

24人中，认为学校的教学管理"很负责"的比例高达100%。对毕业实习和毕业论文以小组为单位共同完成的形式，同学们都认为非常好。

(3) 技能证书方面

高职学习期间，有1人取得了果树种植证书、绿化证书、果树剪枝证书。由此可见，可以考取的职业技能证书的渠道还有待于进一步开拓。

5. 改进建议

(1) 进一步修订人才培养模式

根据学生的实际情况，减少集中面授的时间，改成更加灵活、便捷的学习方式。把线下与线上学习结合起来，把课堂搬上电视、搬进网络、搬到直播间，充分利用云平台让学生了解政策、学习技术、获取信息。鼓励教师及科技工作者走进田间地头、到生产一线进行培训，到现场解决农业企业的实际问题。

(2) 优化课程体系，改革教学内容

建立校企合作、共建共享的课程资源开发机制，更新课程内容，调整课程结构，形成专业特色鲜明、符合行业发展最新态势的课程体系；根据技术领域和职业岗位的任职要求，引入职业资格证书或技术等级证书，把职业岗位所需要的知识、技能和职业素养融入相关专业课程；探索建立职业资格证书与课程之间的置换标准，创新符合高素质农民特点的毕业环节考核机制。

（3）加强产教融合的条件建设和运营机制

一是完善实训平台功能。根据技能实训要求和现有实训室条件重新进行校内实训基地定位。二是形成实训平台运行机制。通过实训教学实践形成实训平台管理制度，规范操作规程。三是根据教学实践的要求，规划更加有针对性的综合实训平台（基地）项目，让学生真正参与休闲农业项目的实施。四是加强校外实训基地建设。开发休闲农业资源，建设"共享型"校外实训基地。

（4）强化社会服务功能

建立社会服务长期机制，组建休闲农业社会服务团队，和科技挂职、实践锻炼等途径有机结合，以点带面，打造休闲农业服务品牌。利用学校资源，承担地区、行业部门或职业学校技能大赛、职业资格鉴定等工作，发挥示范和引领作用。

（二）农业高职院校产教融合——科技小院

党的二十大报告指出"统筹职业教育、高等教育、继续教育协同创新，推进职普融通、产教融合、科教融汇，优化职业教育类型定位"，再次明确职业教育的发展方向。从国内外职业教育实践来看，产教融合是职业教育的基本办学模式，也是职业教育发展的本质要求。近年来，我国职业教育在促进国民经济结构调整和产业转型升级方面发挥了重要作用，产教深度融合的格局已基本形成，效果逐渐显现，但仍然面临挑战。高等职业院校学生的知识能力与企业需求还存在一定的错位，独立性、主动性及解决实际问题的能力均有待提高。

2019年，北京农业职业学院在北京市委统战部的部署下开始组织建设"北京科技小院"，几年来取得了良好的效果。笔者作为首批10家科技小院之一"赵家务村科技小院"的负责人，采用师生共建方式，带领高素质农民、普通高职学生进驻小院，以特色产业为切入点，精准帮扶农民专业合作社，将教学、服务与农业生产实践紧密结合，帮助农民专业合作社向乡村休闲、农文旅融合转型，也为科技小院助力乡村休闲旅游人才培养做出积极探索。

1. 新时代农业高职院校产教融合的内涵

自20世纪80年代至今，我国职业教育产教融合实践已经持续了近40年，形成许多宝贵的经验和融合模式，中国特色职业教育产教融合正在逐步完善。近年来，国家从宏观层面先后颁布《国务院办公厅关于深化产教融合的若干意见》（国办发〔2017〕95号）及《国家职业教育改革实施方案》（职教20条）等，为我国高等职业教育的改革与发展指明了方向。农业高职院校作为职业教育的重要形态，产教融合也具有鲜明的时代特色。目前，随着我国乡村振兴战略进入全面振兴阶段，农业高职教育作为服务国家战略的重要抓手，适应新时代的要求，充分发挥农业高职院校在人才培养、科技服务等方面的优势，促进区域经济发展和"三农"服务，既是时代责任，又是使命担当。农业高职院校产教融合，简单来讲，就是将产业发展与农业高职院校专业教学融合，通过两者相互作用创新育人方式，使学生的能力在实践中不断增长。

2.赵家务村科技小院助力乡村休闲旅游人才培养的实践

北京市平谷区东高村镇赵家务村村域面积2.31平方千米，全村共有662户，2105人。该村近年来积极发展优势特色产业，重点培育了北京伟杰雨寒蔬菜种植专业合作社、北京博云益达种植专业合作社等农村经营主体，分别形成"赵家务大葱""富硒食用菊花"等品牌。2019年北京农业职业学院"赵家务村科技小院"进驻赵家务村后，师生团队充分发挥文创设计、电商等方面专长，指导帮扶合作社在加强农文旅融合方面取得了成效。

（1）发挥文创设计优势，提升特色农产品的附加值

为北京博云益达种植专业合作社设计"富硒菊花"系列伴手礼，设计方案参加了2022年北京休闲农业"京华乡韵"伴手礼创意创新大赛，并获得广泛的关注和好评。为北京伟杰雨寒蔬菜种植专业合作社"赵家务大葱"包装进行提档升级，新的设计方案获得了外观设计专利1项。

（2）利用新媒体营销优势，加大特色农产品的宣传推广

为了帮助合作社扩大特色农产品的推广力度，师生团队为博云益达、伟杰雨寒两个合作社分别创建了微信公众号并投入运营使用。公众号清新脱俗的文案、制作精良的短视频以及精心挑选的特色农产品照片，为合作社起到很好的引流效果。

（3）利用社区＋电商模式，线下线上扩大特色农产品销售

通过北京观光休闲农业行业协会为北京伟杰雨寒蔬菜种植专业合作社联系了三场"北京农业在社区"主题销售展卖活动，还设计、制作展板，亲自参加现场售卖，让合作社的特色农产品赵家务大葱成为现场销售的焦点，并得到中央级媒体"新华网"的报道。此外，还指导北京伟杰雨寒蔬菜种植专业合作社开设微信商店，传授开店方法，扩大了赵家务大葱的销售渠道。

（4）发挥平台作用，为合作社发展引智赋能

科技小院充分发挥了科技服务平台的作用，邀请行业及院校的专家对合作社进行技术指导，并进行答疑解惑。此外，北京农业职业学院园艺系、北京农学院、北京市农林科学院、中国农业技术推广协会富硒农业技术专业委员会等单位的多位专家也为合作社提供了帮助。科技小院开放、合作、共赢的科技服务机制已初步形成。

3.赵家务村科技小院促进乡村休闲旅游人才培养的作用

（1）推动了特色产业发展，人才培养等社会效益显著

科技小院以赵家务村庄建设和发展为出发点，以合作社乡村特色产业为抓手，以点

带面，辐射带动作用明显。2022年，科技小院团队帮助赵家务村所辖合作社增加销售收入近5万元，培养了技术骨干4人，带动就业人数10人次，服务范围辐射门头沟、大兴等区的合作社2个，密云区的行政村1个，门头沟的行政村2个。

（2）促进了专业教学工作，提高了人才培养的质量

实践教学环节是学生巩固专业知识，提高实践技能的重要途径。对农业高职院校的学生来讲，培养学生热爱"三农"的责任担当和服务技能尤为重要。赵家务村科技小院为高职学生提供了一个服务京郊和锻炼乡村休闲旅游实践技能的平台，大大激发了学生投身乡村休闲旅游产业的兴趣和意愿。特别是北京博云益达种植专业合作社、北京伟杰雨寒蔬菜种植专业合作社的负责人均是北京农业职业学院高素质农民学历提升工程的学生，服务团队中还有两名来自普通高职旅游管理专业的学生。师生团队利用假期开展工作，参加服务次数30余人次，科技小院成为实践育人、讲好乡村休闲旅游专业"大思政课"的社会大课堂。

（3）提升了乡村休闲旅游服务水平，增强了人才培养的凝聚力

高质量的乡村休闲旅游人才培养，离不开教师的水平和能力。科技小院为教师提供了参与企业实践、不断创新、开展科研活动的切入点和抓手。赵家务村科技小院团队目前有专业教师6人，教师们发挥自己文创设计、营销推广、活动策划等专长，利用科技小院开展乡村休闲旅游课题研究，帮助合作社解决实际问题，受到高度认可。自赵家务村科技小院成立以来，教师们先后开展了4项省部级、院级课题的研究工作，发表乡村休闲旅游论文5篇，出版专著1部，申报获得专利1项，专业水平大大提高。除此之外，在科技小院的工作中，教师们不计个人得失、甘于奉献的精神为学生带了个好头，起到凝心聚力的作用。

典型案例 5-1

苏州农业职业技术学院：乡村休闲旅游人才培养创新

目前，我国休闲农业正处于转型升级的重要阶段，迫切需要用创意农业、乡村美学营造等要素来提升内涵，迫切需要大批高素质人才做支撑。苏州农业职业技术学院于2009年设置了休闲农业专业，是全国开办休闲农业最早的院校之一。近年来，该校适应休闲农业发展的新需求，大力推动人才培养模式创新，着力培养适应产业发展需要的创意农业、乡村美术营造、休闲农业经营与管理人才，支撑休闲农业创新发展，助推农村三产深度融合。

（1）创建产业学院，推动产教深度融合

休闲农业是农文旅融合的新产业，是发展迅猛的朝阳产业。高职院校只有对接产业发展需求、适应产业发展趋势，强化政行校企合作，推动产教深度融合，才能培养出适

应未来休闲农业发展的人才。为此，该校践行"以服务赢得信任、以信任开展合作、以合作实现共赢"的理念，依托江苏现代农业校企（园区）合作联盟，与江苏省休闲旅游农业协会开展战略合作，在江苏省农业农村主管部门的指导下，由行业、企业、学校深度合作共建"江苏休闲农业产业学院"，采用订单、定向、委托培养或继续教育的方式，量身定制协会、企业所需的实用技术技能型人才，共同推动江苏省休闲农业产业高质量发展。共建江苏休闲农业产业学院，推动了产教深度融合，形成了"千企建一院"的休闲农业人才培养新格局，为人才培养模式的创新奠定了基础。

（2）打造集成平台，增强科技服务能力

科技是第一生产力。休闲农业产业的发展，既需要创意提升，又需要科技支撑。近年来，该校在相城校区建设占地420亩、集人才培养、应用研发、科技推广、农民培训、文化传承等功能于一体的产教融合集成平台——相城科技园，为休闲农业人才培养提供高水平技术技能创新服务平台。集成平台包括休闲农业实训基地（3A级休闲农业园区）、江苏省特色花卉工程研究中心、江苏省现代农业职业体验中心、苏州农民学院等。依托集成平台，该校通过实施"十百千万"等科技兴农行动、"苏农一枝花"产业富民行动、"农民田间学校"培训助农行动、"院区科技结对"服务工程，参与"田园小综合体""共享农庄""美丽庭院""休闲农业和乡村旅游精品工程"等项目建设，协助江苏省"苏韵乡情"乡村游品牌建设，强化主题创意，引导农耕实践，培育了一批休闲农业典型。苏州农职院科技园等被认定为省级主题创意农园和农耕实践基地。

（3）推进"三教"改革，提高人才培养质量

该校依托江苏休闲农业产业学院和休闲农业产教融合集成平台，大力推进教师、教材、教法"三教"改革，培育"德技双馨"的农业高职教育教学创新团队和"爱创敢创"的师生农业科技推广服务团队，将开发项目作为教学资源，整合成生产技术、经营管理、农耕文化等课程包，实施课证融通、赛证融通等多元评价的社会化考核方式，重构"耕读结合、科教相长"的课程体系，将农业产业、科研推广和高职教育教学相结合，培养了一大批从事创意农业、乡村美学营造、休闲农业园区生产与管理、休闲农业园区旅游接待、休闲农业园区规划设计等工作的高素质技术技能人才，为促进农村三产融合发展和乡村振兴提供人才支撑。

苏州农业职业技术学院通过创新休闲农业人才培养模式，有力推动了休闲农业专业的高质量发展。在金平果2022高职专业竞争力排行榜上，该校休闲农业经营与管理专业排名全国第一。

第六章　总结与展望

乡村休闲旅游在我国脱贫攻坚、全面建成小康社会征程中发挥了重要作用。在如今我国已全面建成小康社会、"三农"工作重心转为乡村振兴的背景下，只有不断创新，才能适应时代特色，把握新机遇，实现乡村休闲旅游产业的可持续发展，才能在新征程中更好地服务乡村振兴大局。

本书总结了乡村休闲旅游产业的发展历程，全面分析了我国乡村休闲旅游发展的现状、措施与瓶颈，提出从产业组织模式、产品开发、营销推广、人才培养等方面实现创新发展，并在此基础上进行了系统论述。

乡村休闲旅游在国外发展历史悠久，目前已成为世界现代农业的重要组成部分。我国的乡村休闲旅游发展兴起于改革开放初期，以农业节庆、农家乐的形式出现，具有自发性的特点。20世纪90年代以后，乡村休闲旅游发展的步伐加快，形式也变得更为多样。进入21世纪以后，乡村休闲旅游产业得到快速发展，投资主体多元化、经营管理企业化，政府部门加强引导规范。自2010年至今，乡村休闲旅游进入了提档升级阶段，成为乡村振兴战略的重要引擎，特别是党的十八大以来，乡村休闲旅游产业创新实践不断，值得总结研究。

乡村休闲旅游产业组织模式创新的理论有可持续发展理论、利益相关者理论、产权理论、一体化战略理论、乡村休闲旅游地生命周期理论等，在其组织运营中主要的参与者有政府、村民、投资企业、"村两委"及协会等。兼顾不同参与者的利益，特别是保障农民的权益，是选择组织模式时要考虑的一个重要因素。目前我国乡村休闲旅游产业组织模式有农户主导型、企业主导型、村集体主导型、新型经营主体运营以及混合型等，针对各组织模式的不足，应采取一定的优化措施，同时列举近年来涌现的组织模式创新案例，作为创新实践的借鉴。

乡村休闲旅游产品创新的理论有产品生命周期理论、产业融合理论、乡村美学理论、体验经济理论、节庆经济理论以及社区支持农业（CSA）理论等。乡村休闲旅游产品的创新与创意农业密不可分，创意农业的开发要坚持政府主导，需求导向、融合思维以及文化底蕴，可以利用产品本身、种养文化、历史文化、饮食文化以及民俗文化等，通过自主创意、委托创意、联合创意和借鉴创意等途径，采取头脑风暴法、逆向头脑风暴法以及德尔菲法等进行创意设计。

乡村休闲旅游体验是产品创新的重要体现，可以吸引消费者参与其中，为经营者带来收益。体验设计中要体现活动空间集中、消费者逗留时间长、参与性强、寓教于乐等特点，从审美、回归、美食、教育及娱乐等方面确定设计类型。产品在设计时要坚持特异性、参与性、协调性、科技性及文化性等原则，首先进行资源评价，提炼主题；然后进行功能分区，设计体验游程，同时要搭建体验场景，营造体验气氛；最后要注重衍生产品的设计，让游客将体验感受带回家。此外，沉浸式体验受到了市场热捧，特别是利用 VR、AR 等技术打造的虚拟现实场景，为游客带来了全新的体验。乡村休闲旅游沉浸式体验有农事体验、景观体验、住宿体验、手工体验等类型，融人、情、景于场景之中，并最大限度突出主题、展示原真性和文化性。

节庆活动是乡村休闲旅游产品创新的载体之一，可分为传统节庆活动和现代节庆活动。乡村休闲旅游节庆类型多样、季节性明显、民间文化浓厚、主题特色突出、民众参与程度高，可以传承农耕文化、带动经贸发展、刺激收入、实现品牌推广，其类型有农事节庆、民俗节庆、文化节庆、观光采摘节庆、旅游节庆等。乡村休闲旅游节庆方案要主题明确、突出特色、操作性强、系统完整，对于目前乡村休闲旅游节庆存在的同质化、空心化、失真性、缺乏品牌意识等问题，要从挖掘乡村文化、整合资源、政府部门推动、联合推广等方面进行创新。

共享农园是近年来社区支持农业理论在都市农业领域的创新实践，是乡村休闲旅游产业的新业态。共享农园的特点体现在产品、农场、土地、资源、项目共享，日本、英国、德国等国家的共享农园发展历史悠久，不断创新，具有一定的借鉴性。我国的共享农园可以按经营主体、经营方式、服务内容等进行分类，北京的小毛驴市民农园、上海的乐田家庭农场、海南的共享农庄、珠海市"绿手指份额农园"等成为全国共享农园的创新样板。

乡村休闲旅游营销创新的理念有内部营销、关系营销、网络营销及绿色营销等，具体体现在产品创新、主题创新、服务创新等方面。金蜗牛露营案例提供了一站式、全方位的露营体验服务，提供了创新营销的新视角。信息化时代，营销渠道的参与者权责利不同，可以采取直接营销、专业渠道、其他渠道等形式从不同的目标构建合作模式。互联网时代，营销手段不断刷新创新的高度和维度，直播营销、社交软件（微信、QQ）营销、社群营销、内容营销、VR 和 AR 技术体验营销等手段在实际中得到了用户的青睐和运用。

乡村休闲旅游人才培养亟须创新。乡村休闲旅游产业的业态不断创新，作为核心竞争力的人才培养必须紧跟其上。现阶段，我国乡村休闲旅游产业的管理人员缺乏，智能化、复合型人才紧缺，不能适应发展的要求。目前，我国乡村休闲旅游人才培养的途径有全日制教育、继续教育、短期培训三种。为了适应乡村休闲旅游产业的快速发展，培养造就一批有文化、懂技术、会经营的高素质农民，提高农民参与乡村振兴的积极性，高素质农民学历提升教育、科技小院等模式作为乡村休闲旅游人才培养的创新实践值得推广。

本书的创新之处：一是从创新的视角，系统论述了近年来我国乡村休闲旅游发展的创新实践，紧扣党的二十大提出的"坚持创新在我国现代化建设全局中的核心地位""加快实施创新驱动发展战略"的新要求，为我国全面乡村振兴战略在乡村休闲旅游领域的实施提供借鉴。二是理论与实践充分结合。全书内容既有科学、严谨的理论依据作为支撑，又有大量丰富的创新案例加以诠释和解读，专业阐述和行业实际相辅相成，深入浅出，易于学习和应用。三是实证与规范研究相结合。运用产业经济学、体验经济学、市场营销学、人力资源管理等学科的相关理论，通过文献研究、案例分析、问卷调查等方式，结合笔者多年来在乡村休闲旅游领域的实践积累，进行深入阐述及归纳，力求从系统性、可操作性等方面有所突破。

  本书的不足之处主要在于，我国乡村休闲旅游产业的创新发展，需要研究、总结及探索的方面还有很多，本书仅从产业组织、产品开发、营销推广、人才培养等方面进行了系统阐述。作为一二三产业融合的新业态，其创新角度和方式灵活多样，本书未能一一涉及，例如，从产品形态方面，就可分为乡村民宿、体育旅游、户外休闲、亲子休闲、乡村研学、夜游经济等多种新类型，这些类型还有待继续研究。

  "未来已来"，我国的乡村休闲旅游产业正以强劲的态势回归，乡村人间烟火越来越浓，绿水青山底色不变，让我们坚持创新驱动不动摇，助力乡村振兴续写新篇章。

附　录

附录 A　我国乡村休闲旅游政策大事概览

（1）1986 年，成都"徐家大院"的成立，开启了乡村旅游"农家乐"旅游模式。

（2）1989 年，中国农民旅游协会正式更名为"中国乡村旅游协会"，标志着发展乡村旅游的专门组织成立。

（3）1995 年，我国开始实行双休日。

（4）1998 年，国家旅游局（现文化和旅游部，下同）推出"华夏城乡游"的主题，提出"吃农家饭、住农家院、干农家活、观农家景、享农家乐"的口号，乡村旅游开始发展。

（5）1999 年，我国将春节、"五一"和"十一"调整为 7 天长假。

1999 年，国家旅游局推出"生态环境旅游年"活动，推动充分利用和保护乡村生态环境，开展乡村农业生态旅游。

（6）2000 年，国务院办公厅印发的《国务院办公厅转发国家旅游局关于进一步发展假日旅游若干意见的通知》（国办发〔2000〕46 号）中明确提出了"黄金周"的概念，并指出"要积极发展城市郊区和重点景区周围的农业旅游、森林旅游和度假休闲旅游"。

（7）2002 年，国家旅游局颁布了《全国农业旅游示范点、工业旅游示范点检查标准（试行）》，我国乡村旅游开始走向规范化、高质化。

（8）2004 年，中央一号文件《中共中央 国务院关于促进农民增加收入若干政策的意见》将"三农"问题提到国家发展战略重点的高度。

（9）2005 年，党的十六届五中全会提出建设社会主义新农村的重大历史任务。

2005 年，国家旅游局公布首批全国农业旅游示范点（203 个）。

（10）2006 年，国家旅游局明确提出"中国乡村旅游年"，并以"新农村、新旅游、新体验、新风尚"为宣传口号，全面推动乡村旅游的发展。

2006 年，国家旅游局发布了《国家旅游局关于促进农村旅游发展的指导意见》，提出乡村旅游是"以工促农，以城带乡"的重要途径。

2006 年，乡村旅游写入《中华人民共和国国民经济和社会发展第十一个五年规划纲要》，简称"十一五"规划（2006—2010 年）。

(11) 2007年，中央一号文件《中共中央 国务院关于积极发展现代农业扎实推进社会主义新农村建设的若干意见》提出，农业不仅具有食品保障功能，而且具有原料供给、就业增收、生态保护、观光休闲、文化传承等功能。建设现代农业，必须注重开发农业的多种功能，向农业的广度和深度进军，促进农业结构不断优化升级。适应人们日益多样化的物质文化需求，因地制宜地发展特而专、新而奇、精而美的各种物质、非物质产品和产业，特别要重视发展园艺业、特种养殖业和乡村旅游业。

2007年，国家旅游局推出"2007中国和谐城乡游"主题年，宣传口号为"魅力乡村、活力城市、和谐中国"。

2007年，国家旅游局和农业部（现农业农村部，下同）发布《国家旅游局 农业部关于大力推进全国乡村旅游发展的通知》，提出要充分利用"三农"资源发展旅游业，全面拓展农业功能和领域，积极促进农民致富增收。通过组织实施乡村旅游"百千万工程"，在全国建成具有乡村旅游示范意义的100个县、1000个乡（镇）、10000个村，为社会主义新农村建设做出积极贡献。这次联合改变了以往多头管理、责任不清的情况，为乡村旅游发展理顺机制，提供条件。

(12) 2008年，中央一号文件《中共中央 国务院关于切实加强农业基础建设进一步促进农业发展农民增收的若干意见》提出，要通过非农就业增收，提高乡镇企业、家庭工业和乡村旅游发展水平，增强县域经济发展活力，改善农民工进城就业和返乡创业环境。

2008年，党的第十七届中央委员会第三次全体会议通过《中共中央关于推进农村改革发展若干重大问题的决定》，提出健全严格规范的农村土地管理制度。坚持最严格的耕地保护制度，层层落实责任，坚决守住十八亿亩耕地红线。划定永久基本农田，建立保护补偿机制，确保基本农田总量不减少、用途不改变、质量有提高。继续推进土地整理复垦开发，耕地实行先补后占，不得跨省区市进行占补平衡。实行最严格的节约用地制度，从严控制城乡建设用地总规模。农村宅基地和村庄整理所节约的土地，首先要复垦为耕地，调剂为建设用地的必须符合土地利用规划、纳入年度建设用地计划，并优先满足集体建设用地。鼓励和支持优势产区集中发展棉花、糖料、马铃薯等大宗产品，推进蔬菜、水果、茶叶、花卉等园艺产品集约化、设施化生产，因地制宜发展特色产业和乡村旅游业。

(13) 2009年，国务院印发《国务院关于加快发展旅游业的意见》，提出要实施乡村旅游富民工程。开展各具特色的农业观光和体验性旅游活动。在妥善保护自然生态、原居环境和历史文化遗存的前提下，合理利用民族村寨、古村古镇，建设特色景观旅游村镇，规范发展农家乐、休闲农庄等旅游产品。

(14) 2010年，中央一号文件《中共中央 国务院关于加大统筹城乡发展力度 进一步夯实农业农村发展基础的若干意见》，提出要积极发展休闲农业、乡村旅游、森林旅游和农村服务业，拓展农村非农就业空间。

2010年，农业部和国家旅游局印发《农业部 国家旅游局关于开展全国休闲农业与乡村旅游示范县和全国休闲农业示范点创建活动的意见》，提出要通过规范化建设促进休闲农业与乡村旅游的发展。

（15）2011年，《中华人民共和国国民经济和社会发展第十二个五年规划纲要》明确指出，利用农业景观资源发展观光、休闲、旅游等农村服务业。

（16）2012年，党的十八大提出"努力建设美丽中国"。

2012年，国务院发布《国务院关于大力实施促进中部地区崛起战略的若干意见》，要求扶持发展农产品加工业、休闲农业和乡村旅游，带动农民就地就近就业。

2012年，农业部发布《农业部关于加强农业行业扶贫工作的指导意见》，提出要发展乡村旅游，增强贫困地区内生动力。

（17）2013年，国务院办公厅印发《国民旅游休闲纲要（2013—2020年）》，提出要加强特色旅游村镇建设，鼓励开展城市周边乡村度假，加速全民休闲旅游的发展。

（18）2014年，国务院办公厅印发《国务院办公厅关于改善农村人居环境的指导意见》，将发展休闲农业、乡村旅游、文化创意等产业作为稳步推进宜居乡村建设的措施之一。

2014年，国务院发布《国务院关于促进旅游业改革发展的若干意见》，要求大力发展乡村旅游，加大对小型、微型旅游企业和乡村旅游的信贷支持。

（19）2015年，中央一号文件《中共中央 国务院关于加大改革创新力度 加快农业现代化建设的若干意见》提出，要积极开发农业多种功能，挖掘乡村生态休闲、旅游观光、文化教育的价值。

2015年，国务院办公厅发布《国务院办公厅关于加快转变农业发展方式的意见》，提出要加强规划引导，研究制定促进休闲农业与乡村旅游发展的用地、财政、金融等扶持政策。

2015年，国务院办公厅发布《国务院办公厅关于进一步促进旅游投资和消费的若干意见》，提出要完善休闲农业和乡村旅游配套设施，开展百万乡村旅游创客行动，大力推进乡村旅游扶贫，实施乡村旅游提升计划。

（20）2016年，中央一号文件《中共中央 国务院关于落实发展新理念 加快农业现代化实现全面小康目标的若干意见》，要求采取以奖代补、先建后补、财政贴息、设立产业投资基金等方式扶持休闲农业与乡村旅游业发展，并提出将休闲农业和乡村旅游项目建设用地纳入土地利用总体规划和年度计划。

2016年，农业部会同发展改革委、财政部等部门联合印发《关于大力发展休闲农业的指导意见》，提出推动休闲农业和乡村旅游提档升级。

2016年，国务院出台《全国农业现代化规划（2016—2020年）》，强调要支持休闲农业和乡村旅游重点村，改善道路、宽带、停车场、厕所、垃圾污水处理设施等条件。

2016年，发展改革委印发《全国农村经济发展"十三五"规划》，提出要因地制宜地发展振兴传统工艺,深入实施乡村旅游扶贫工程。

2016年,国务院办公厅发布《国务院办公厅关于进一步扩大旅游文化体育健康养老教育培训等领域消费的意见》,要求研究出台休闲农业和乡村旅游配套设施建设支持政策。

2016年,发展改革委、国家旅游局发布《国家发展改革委 国家旅游局关于实施旅游休闲重大工程的通知》,提出要支持乡村旅游重点村的步行道、停车场、厕所、供水供电、应急救援、旅游标识标牌、综合环境整治等旅游基础设施和公共服务设施建设。

2016年,国务院印发《"十三五"脱贫攻坚规划》,提出要开展贫困村旅游资源普查和旅游扶贫摸底调查,建立乡村旅游扶贫工程重点村名录。以具备发展乡村旅游条件的2.26万个建档立卡贫困村为乡村旅游扶贫重点对象,推进旅游基础设施建设,实施乡村旅游后备箱工程、旅游基础设施提升工程等一批旅游扶贫重点工程,打造精品旅游线路,推动游客资源共享。

2016年,国务院印发《"十三五"旅游业发展规划》,提出要"实施乡村旅游扶贫工程"。

(21) 2017年,中央一号文件《中共中央 国务院关于深入推进农业供给侧结构性改革 加快培育农业农村发展新动能的若干意见》,提出要大力发展乡村休闲旅游产业。充分发挥乡村各类物质与非物质资源富集的独特优势,利用"旅游+""生态+"等模式,推进农业、林业与旅游、教育、文化、康养等产业深度融合。丰富乡村旅游业态和产品,打造各类主题乡村旅游目的地和精品线路,发展富有乡村特色的民宿和养生养老基地。鼓励农村集体经济组织创办乡村旅游合作社,或与社会资本联办乡村旅游企业。多渠道筹集建设资金,大力改善休闲农业、乡村旅游、森林康养公共服务设施条件,在重点村优先实现宽带全覆盖。完善休闲农业、乡村旅游行业标准,建立健全食品安全、消防安全、环境保护等监管规范。支持传统村落保护,维护少数民族特色村寨整体风貌,有条件的地区实行连片保护和适度开发。

2017年,发展改革委等十四部门联合印发《促进乡村旅游发展提质升级行动方案(2017年)》,提出要"加强分类指导,推动乡村旅游区域差异化发展"。

2017年,党的十九大提出要"实施乡村振兴战略",并指出农业农村农民问题是关系国计民生的根本性问题,必须始终把解决好"三农"问题作为全党工作重中之重。要坚持农业农村优先发展,按照"产业兴旺、生态宜居、乡风文明、治理有效、生活富裕"的总要求,建立健全城乡融合发展体制机制和政策体系,加快推进农业农村现代化。巩固和完善农村基本经营制度,深化农村土地制度改革,完善承包地"三权"分置制度。保持土地承包关系稳定并长久不变,第二轮土地承包到期再延长三十年。确保国家粮食安全,把中国人的饭碗牢牢端在自己手中。促进农村一二三产业融合发展,支持和鼓励农民就业创业,拓宽增收渠道。培养造就一支懂农业、爱农村、爱农民的"三农"工作队伍。

(22) 2018年，中央一号文件《中共中央 国务院关于实施乡村振兴战略的意见》提出，要实施休闲农业和乡村旅游精品工程，建设一批设施完备、功能多样的休闲观光园区、森林人家、康养基地、乡村民宿、特色小镇。对利用闲置农房发展民宿、养老等项目，研究出台消防、特种行业经营等领域便利市场准入、加强事中事后监管的管理办法。发展乡村共享经济、创意农业、特色文化产业。

2018年，国务院办公厅发布《国务院办公厅关于促进全域旅游发展的指导意见》，提出要大力发展观光农业、休闲农业，培育田园艺术景观、阳台农艺等创意农业，鼓励发展具备旅游功能的定制农业、会展农业、众筹农业、家庭农场、家庭牧场等新型农业业态，打造一二三产业融合发展的美丽休闲乡村。大力实施乡村旅游扶贫富民工程，通过资源整合积极发展旅游产业，健全完善"景区带村、能人带户"的旅游扶贫模式。通过民宿改造提升、安排就业、定点采购、输送客源、培训指导以及建立农副土特产品销售区、乡村旅游后备箱基地等方式，增加贫困村集体收入和建档立卡贫困人口人均收入。加强对深度贫困地区旅游资源普查，完善旅游扶贫规划，指导和帮助深度贫困地区设计、推广跨区域自驾游等精品旅游线路，提高旅游扶贫的精准性，真正让贫困地区、贫困人口受益。将旅游发展所需用地纳入土地利用总体规划、城乡规划统筹安排，年度土地利用计划适当向旅游领域倾斜，适度扩大旅游产业用地供给，优先保障旅游重点项目和乡村旅游扶贫项目用地。鼓励通过开展城乡建设用地增减挂钩和工矿废弃地复垦利用试点的方式建设旅游项目。农村集体经济组织可依法使用建设用地自办或以土地使用权入股、联营等方式开办旅游企业。城乡居民可以利用自有住宅依法从事民宿等旅游经营。

2018年，发展改革委等部门联合印发《促进乡村旅游发展提质升级行动方案（2018—2020年）》，要求加大对乡村旅游基础设施建设的用地支持。各地区在编制和实施土地利用总体规划中，乡（镇）土地利用总体规划可以预留少量（不超过5%）规划建设用地指标，用于零星分散的单独选址乡村旅游设施等建设。引导金融机构依法合规创新金融产品和服务模式，扩展乡村旅游经营主体融资渠道，在防范风险的前提下降低融资条件和门槛，服务乡村旅游发展。

2018年，文化和旅游部等部门联合印发《关于促进乡村旅游可持续发展的指导意见》，提出要"践行绿水青山就是金山银山的理念"，推动旅游产品和市场相对成熟的区域、交通干线和A级景区周边的地区深化开展乡村旅游，支持具备条件的地区打造乡村旅游目的地，促进乡村旅游规模化、集群化发展。大力发展乡村特色文化产业。支持在乡村地区开展红色旅游、研学旅游。结合现代农业发展，建设一批休闲农业精品园区、农业公园、农村产业融合发展示范园、田园综合体、农业庄园，探索发展休闲农业和乡村旅游新业态。充分利用农村土地、闲置宅基地、闲置农房等资源，开发建设乡村民宿、养老等项目。鼓励有条件、有需求的地方统筹利用现有资金渠道，积极支持提升村容村貌，改善乡村旅游重点村道路、停车场、厕所、垃圾污水处理等基础服务设施。

按规定统筹的相关涉农资金可以用于培育发展休闲农业和乡村旅游。在符合生态环境保护要求和相关规划的前提下，鼓励各地按照相关规定，盘活农村闲置建设用地资源，开展城乡建设用地增减挂钩，优化建设用地结构和布局，促进休闲农业和乡村旅游发展，提高土地节约集约利用水平。支持历史遗留工矿废弃地再利用、荒滩等未利用土地开发乡村旅游。鼓励金融机构为乡村旅游发展提供信贷支持，创新金融产品，降低贷款门槛，简化贷款手续，加大信贷投放力度，扶持乡村旅游龙头企业发展。鼓励乡村旅游经营户通过小额贷款、保证保险实现融资。鼓励保险业向乡村旅游延伸，探索支持乡村旅游的保险产品。

（23）2019年，国务院办公厅发布《国务院办公厅关于深入开展消费扶贫 助力打赢脱贫攻坚战的指导意见》，要求从加大基础设施建设力度、提升服务能力、做好规划设计、加强宣传推介方面，促进贫困地区休闲农业和乡村旅游提质升级。

2019年，中央一号文件《中共中央 国务院关于坚持农业农村优先发展 做好"三农"工作的若干意见》，提出要加强乡村旅游基础设施建设，改善卫生、交通、信息、邮政等公共服务设施。允许在县域内开展全域乡村闲置校舍、厂房、废弃地等整治，盘活建设用地重点用于支持乡村新产业新业态和返乡下乡创业。严格农业设施用地管理，满足合理需求。巩固"大棚房"问题整治成果。按照"取之于农，主要用之于农"的要求，调整完善土地出让收入使用范围，提高农业农村投入比例，重点用于农村人居环境整治、村庄基础设施建设和高标准农田建设。扎实开展新增耕地指标和城乡建设用地增减挂钩节余指标跨省域调剂使用，调剂收益全部用于巩固脱贫攻坚成果和支持乡村振兴。

2019年，国务院发布《国务院关于促进乡村产业振兴的指导意见》，要求推进农业与文化、旅游、教育、康养等产业融合，提出充分挖掘农村各类非物质文化遗产资源，保护传统工艺，促进乡村特色文化产业发展，实施休闲农业和乡村旅游精品工程，建设一批设施完备、功能多样的休闲观光园区、乡村民宿、森林人家和康养基地，培育一批美丽休闲乡村、乡村旅游重点村，建设一批休闲农业示范县。

2019年，农业农村部发布《农业农村部关于积极稳妥开展农村闲置宅基地和闲置住宅盘活利用工作的通知》，提出要鼓励利用闲置住宅发展符合乡村特点的休闲农业、乡村旅游、餐饮民宿、文化体验、创意办公、电子商务等新产业新业态。

2019年，发展改革委、市场监管总局发布《国家发展改革委 市场监管总局关于新时代服务业高质量发展的指导意见》，提出要支持利用农村自然生态、历史遗产、地域人文、乡村美食等资源，发展乡村旅游、健康养老、科普教育、文化创意、农村电商等业态。

（24）2020年，国务院办公厅印发《国务院办公厅关于提升大众创业万众创新示范基地带动作用 进一步促改革稳就业强动能的实施意见》，要求发挥互联网平台企业带动作用，引导社会资本和大学生创客、返乡能人等入乡开展"互联网＋乡村旅游"、农村电商等创业项目。

2020年，农业农村部印发《全国乡村产业发展规划（2020—2025年）》（以下简称《规划》），这是我国第一次对乡村产业发展做出全面规划。《规划》中针对优化乡村休闲旅游产业提出了具体目标：到2025年，建设300个休闲农业重点县，培育一批有知名度、有影响力的休闲农业"打卡地"；推介1500个中国美丽休闲乡村；推介1000个全国休闲农业精品景点线路。《规划》提出，依据自然风貌、人文环境、乡土文化等资源禀赋，建设特色鲜明、功能完备、内涵丰富的乡村休闲旅游重点区。一是建设城市周边乡村休闲旅游区。发展田园观光、农耕体验、文化休闲、科普教育、健康养生等业态，建设综合性休闲农业园区、农业主题公园、观光采摘园、垂钓园、乡村民宿和休闲农庄，满足城市居民消费需求。二是建设自然风景区周边乡村休闲旅游区。发展以农业生态游、农业景观游、特色农（牧、渔）业游为主的休闲农（牧、渔）园和农（牧、渔）家乐等，以及森林人家、健康氧吧、生态体验等业态，建设特色乡村休闲旅游功能区。三是建设民俗民族风情乡村休闲旅游区。发展民族风情游、民俗体验游、村落风光游等业态，开发民族民俗特色产品。四是建设传统农区乡村休闲旅游景点。发展景观农业、农事体验、观光采摘、特色动植物观赏、休闲垂钓等业态，开发"后备箱""伴手礼"等旅游产品。

（25）2021年，发布的《中华人民共和国国民经济和社会发展第十四个五年规划和2035年远景目标纲要》明确提出，要壮大休闲农业、乡村旅游、民宿经济等特色产业。

2021年，农业农村部、发展改革委等十部门联合印发《关于推动脱贫地区特色产业可持续发展的指导意见》，提出要推介一批视觉美丽、体验美妙、内涵美好的乡村休闲旅游精品景点线路，打造一批全国乡村旅游重点村镇和中国美丽休闲乡村。

2021年，文化和旅游部印发《"十四五"文化和旅游发展规划》，提出要推出乡村旅游重点村镇和精品线路，并培育一批全国乡村旅游集聚区。

（26）2022年，中央一号文件《中共中央 国务院关于做好2022年全面推进乡村振兴重点工作的意见》提出，要持续推进农村一二三产业融合发展。鼓励各地拓展农业多种功能、挖掘乡村多元价值，重点发展农产品加工、乡村休闲旅游、农村电商等产业。实施乡村休闲旅游提升计划。支持农民直接经营或参与经营的乡村民宿、农家乐特色村（点）发展。将符合要求的乡村休闲旅游项目纳入科普基地和中小学学农劳动实践基地范围。整合文化惠民活动资源，支持农民自发组织开展村歌、"村晚"、广场舞、趣味运动会等体现农耕农趣农味的文化体育活动。办好中国农民丰收节。加强农耕文化传承保护，推进非物质文化遗产和重要农业文化遗产保护利用。

2022年，发展改革委、文化和旅游部联合印发《国民旅游休闲发展纲要（2022—2030年）》，旨在进一步优化我国旅游休闲环境，完善相关公共服务体系，提升产品和服务质量，丰富旅游休闲内涵，促进相关业态融合。

2022年，文化和旅游部等部门印发《关于促进乡村民宿高质量发展的指导意见》，提出到 2025 年，要初步形成布局合理、规模适度、内涵丰富、特色鲜明、服务优质的乡村民宿发展格局，需求牵引供给、供给创造需求的平衡态势更为明显，更好满足多层次、个性化、品质化的大众旅游消费需求，乡村民宿产品和服务质量、发展效益、带动作用全面提升，成为旅游业高质量发展和助力全面推进乡村振兴的标志性产品。

2022 年，为满足群众暑期出游的需求，丰富乡村旅游产品供给，持续助企惠民、促进消费、振兴乡村，文化和旅游部、中国关心下一代工作委员会联合推出"乡村是座博物馆"全国乡村旅游精品线路 128 条。此次线路推广坚持旅游为民、旅游带动，以内涵丰富、类型多样的线路产品更好地满足群众特色化、多层次的旅游需求。同时，注重发挥乡村旅游的综合带动作用，带动周边民宿景区、特色农产品、文创产品等的销售。

2022 年，农业农村部通过线上直播方式举办了 2022 中国美丽乡村休闲旅游行推介活动，发布浙江省湖州市南浔区"江南水乡鱼桑文化体验之旅"、西藏自治区林芝市朗县"高原秋季乡村生态休闲游"等 54 条精品线路，以及红花共享农庄、刘斌堡青山园等 191 个精品景点。活动结合农事节庆、科普研学、田园景观以及乡村夜经济等内容，聚焦"体验农耕文明，乐享和美乡村"，通过快板表演、非遗展示、云游打卡等形式，展示了一批赏乡土特色、忆乡情乡愁、享农事乐趣的乡村休闲旅游精品景点线路，为城乡居民提供体验农耕文明、感受乡味乡韵的休闲攻略。

2022 年，国务院印发了《"十四五"旅游业发展规划》，先是总结"十三五"旅游业发展成就，分析"十四五"旅游业面临的发展机遇和挑战，之后提出"十四五"旅游业发展目标，并围绕七个方面的重点任务做出系统部署，最后对保障规划实施也提出了强有力的措施。

2022 年，文化和旅游部、教育部、自然资源部、农业农村部、国家乡村振兴局、国家开发银行联合印发《关于推动文化产业赋能乡村振兴的意见》，旨在将文化产业赋能乡村振兴纳入全面推进乡村振兴整体格局，围绕文化产业重点领域，制定企业、人才、项目、用地等方面的政策及举措，引导文化产业机构和工作者深入乡村对接帮扶和投资兴业，充分发挥文化产业多重功能价值和综合带动作用，助力乡村经济社会发展，助力实现巩固拓展脱贫攻坚成果同乡村振兴有效衔接，推动乡村产业兴旺、生态宜居、乡风文明、治理有效、生活富裕。

2022 年，国家市场监督管理总局、国家标准化管理委员会发布了《旅游民宿基本要求与等级划分》（GB/T 41648—2022）国家标准（以下简称"标准"）。"标准"包括适用范围、规范性引用文件、术语和定义、等级和标志、总体要求、公共环境和配套、建筑和设施、卫生和服务、经营和管理、等级划分条件、等级划分办法共 11 个章节。

2022 年，文化和旅游部等部门联合印发《关于促进乡村民宿高质量发展的指导意见》，提出要以深化供给侧结构性改革为主线，顺应人民群众乡村旅游消费体验新需求，引导乡村民宿开发和建设，推动乡村旅游提质升级，带动群众就业增收，为巩固拓展脱贫攻坚成果，全面推进乡村振兴战略做出积极贡献。坚持以人为本。把保障农民利益放在第一位，支持农民直接经营或参与经营的乡村民宿发展，同时兼顾旅游者的利益。坚持融合发展。丰富乡村民宿产品，创新乡村旅游业态，延伸产业链、拓展价值链，助力推进农村一二三产业融合和城乡融合。到 2025 年，初步形成布局合理、规模适度、内涵丰富、特色鲜明、服务优质的乡村民宿发展格局，需求牵引供给、供给创造需求的平衡态势更为明显，更好满足多层次、个性化、品质化的大众旅游消费需求，乡村民宿产品和服务质量、发展效益、带动作用全面提升，成为旅游业高质量发展和助力全面推进乡村振兴的标志性产品。

2022 年，党的二十大提出要"全面推进乡村振兴"，还要加快建设农业强国，扎实推动乡村产业、人才、文化、生态、组织振兴。全方位夯实粮食安全根基，全面落实粮食安全党政同责，牢牢守住十八亿亩耕地红线，逐步把永久基本农田全部建成高标准农田，深入实施种业振兴行动，强化农业科技和装备支撑，健全种粮农民收益保障机制和主产区利益补偿机制，确保中国人的饭碗牢牢端在自己手中。树立大食物观，发展设施农业，构建多元化食物供给体系。发展乡村特色产业，拓宽农民增收致富渠道。统筹乡村基础设施和公共服务布局，建设宜居宜业和美乡村。巩固和完善农村基本经营制度，发展新型农村集体经济，发展新型农业经营主体和社会化服务，发展农业适度规模经营。深化农村土地制度改革，赋予农民更加充分的财产权益。保障进城落户农民合法土地权益，鼓励依法自愿有偿转让。完善农业支持保护制度，健全农村金融服务体系。

（27）2023 年，国家乡村振兴局等七部门印发《农民参与乡村建设指南（试行）》，提出要引导农民参与村庄规划。村庄规划编制专业人员应开展一定时间的驻村调研，充分听取农民意见，通过会议讨论、入户调研、问卷调查等方式，了解村民的真实想法和诉求。村庄建设项目应符合村庄规划并依法办理规划许可，注重经济实用，杜绝形象工程，吸纳村民代表、返乡创业人员、新乡贤、乡村建设工匠等参与项目策划、方案设计。

2023 年，文化和旅游部等五部门决定联合开展文化产业赋能乡村振兴试点工作，并制定《文化产业赋能乡村振兴试点工作方案》，要求促进乡村文化和乡村旅游融合发展。

2023 年，国务院新闻办公室发布《新时代的中国绿色发展》白皮书，提出要将绿色发展作为推进乡村振兴的新引擎，探索乡村绿色发展新路径。积极发展生态农业、农村电商、休闲农业、乡村旅游、健康养老等新产业、新业态，加强生态保护与修复，推动农业强、农村美、农民富的目标不断实现。

2023 年，中央一号文件《中共中央 国务院关于做好 2023 年全面推进乡村振兴重点工作的意见》提出，要建设宜居宜业和美乡村。实施乡村休闲旅游精品工程，推动乡村民宿提质升级。

2023年，中共中央、国务院印发的《质量强国建设纲要》提出，要提升旅游管理和服务水平，规范旅游市场秩序，改善旅游消费体验，打造乡村旅游、康养旅游、红色旅游等精品项目。

2023年，住房城乡建设部等六部门公布了第六批列入中国传统村落名录村落名单，北京市房山区史家营乡柳林水村等1336个村落都列入了名单中。

2023年，农业农村部举办2023中国美丽乡村休闲旅游行（春季）推介活动，现场发布了56条春季精品线路和190个精品景点。

附录 B 2022 年全国休闲农业重点县名单

北京市门头沟区

北京市密云区

天津市武清区

河北省沙河市

河北省衡水市冀州区

山西省盂县

山西省高平市

内蒙古自治区克什克腾旗

内蒙古自治区莫力达瓦达斡尔族自治旗

辽宁省鞍山市千山区

辽宁省岫岩满族自治县

吉林省桦甸市

吉林省辉南县

黑龙江省齐齐哈尔市铁锋区

黑龙江省同江市

上海市崇明区

江苏省溧阳市

江苏省盐城市盐都区

江苏省仪征市

浙江省德清县

浙江省开化县

浙江省缙云县

安徽省潜山市

安徽省绩溪县

福建省安溪县

福建省漳州市长泰区

江西省崇义县

江西省庐山市

山东省临朐县

山东省新泰市

河南省洛阳市孟津区

河南省济源市

湖北省武汉市新洲区
湖北省南漳县
湖南省怀化市鹤城区
湖南省新化县
广东省仁化县
广东省开平市
广西壮族自治区灵川县
广西壮族自治区三江侗族自治县
海南省保亭黎族苗族自治县
重庆市酉阳土家族苗族自治县
重庆市巫山县
四川省绵竹市
四川省江油市
四川省乐山市市中区
贵州省修文县
贵州省铜仁市万山区
云南省腾冲市
云南省元阳县
西藏自治区林芝市巴宜区
陕西省蓝田县
陕西省留坝县
甘肃省肃南裕固族自治县
甘肃省舟曲县
青海省互助土族自治县
宁夏回族自治区青铜峡市
新疆维吾尔自治区乌鲁木齐县
新疆维吾尔自治区新源县
新疆生产建设兵团第十三师红星一场

附录 C 2022 年中国美丽休闲乡村名单

（农家乐特色村用 * 号标注）

北京市门头沟区妙峰山镇炭厂村
北京市顺义区马坡镇石家营村
北京市平谷区峪口镇东樊各庄村
北京市密云区溪翁庄镇尖岩村 *
天津市津南区八里台镇西小站村
天津市北辰区双街镇庞咀村
天津市蓟州区穿芳峪镇东水厂村
天津市静海区台头镇北二堡村
河北省石家庄市正定县新安镇吴兴村
河北省承德市双滦区偏桥子镇大贵口村 *
河北省秦皇岛市卢龙县蛤泊镇鲍子沟村 *
河北省保定市易县安格庄乡田岗村 *
河北省邢台市信都区浆水镇前南峪村
河北省沧州市青县清州镇司马庄村
河北省衡水市饶阳县王同岳镇张口村
河北省张家口市怀来县桑园镇后郝窑村 *
山西省太原市阳曲县黄寨镇录古咀村 *
山西省大同市阳高县龙泉镇守口堡村 *
山西省晋城市泽州县北石店镇司徒村
山西省晋中市祁县古县镇东城村
山西省运城市稷山县稷峰镇姚村
山西省运城市盐湖区泓芝驿镇王过村
山西省忻州市静乐县王村镇下王村 *
山西省临汾市洪洞县大槐树镇秦壁村
内蒙古自治区呼和浩特市新城区保合少镇恼包村 *
内蒙古自治区呼伦贝尔市莫力达瓦达斡尔族自治旗腾克镇腾克村
内蒙古自治区兴安盟科右前旗察尔森镇察尔森嘎查
内蒙古自治区赤峰市宁城县黑里河镇打虎石村
内蒙古自治区通辽市经济技术开发区辽河镇新农村
内蒙古自治区鄂尔多斯市乌审旗无定河镇无定河村

内蒙古自治区锡林郭勒盟多伦县滦源镇大孤山村*
内蒙古自治区巴彦淖尔市临河区双河镇进步村
辽宁省沈阳市法库县四家子蒙古族乡公主陵村
辽宁省鞍山市千山风景名胜区温泉街道办事处庙尔台村*
辽宁省辽阳市弓长岭区汤河镇瓦子沟村*
辽宁省葫芦岛市兴城市三道沟满族乡头道沟村
辽宁省朝阳市凌源市大王杖子乡宫家烧锅村
辽宁省抚顺市抚顺县上马镇北湖村
辽宁省本溪市桓仁县雅河乡湾湾川村
辽宁省铁岭市银州区龙山乡七里屯村
吉林省长春市九台区龙嘉街道红光村
吉林省吉林市桦甸市八道河子镇新开河村
吉林省四平市双辽市双山镇百禄村
吉林省辽源市龙山区寿山镇永治村
吉林省通化市东昌区金厂镇夹皮沟村
吉林省白山市抚松县仙人桥镇黄家崴子村
吉林省白城市通榆县向海蒙古族乡向海村*
吉林省延边朝鲜族自治州龙井市智新镇明东村
黑龙江省绥化市肇东市昌五镇昌盛村
黑龙江省黑河市爱辉区新生乡新生村
黑龙江省双鸭山市饶河县西林子乡小南河村
黑龙江省牡丹江市宁安市镜泊镇复兴楼村
黑龙江省佳木斯市抚远市乌苏镇抓吉赫哲族村
黑龙江省齐齐哈尔市甘南县甘南镇美满村
黑龙江省大兴安岭地区塔河县十八站鄂伦春民族乡鄂族村
黑龙江省七台河市勃利县勃利镇元明村
上海市浦东新区新场镇新南村
上海市金山区吕巷镇和平村
上海市崇明区三星镇新安村
上海市青浦区练塘镇徐练村
江苏省苏州市吴江区七都镇开弦弓村
江苏省常州市金坛区薛埠镇仙姑村
江苏省徐州市邳州市官湖镇授贤村*
江苏省南京市溧水区和凤镇吴村桥村
江苏省扬州市邗江区甘泉街道长塘村

江苏省镇江市句容市后白镇西冯村 *
江苏省盐城市东台市五烈镇甘港村
江苏省泰州市姜堰区溱潼镇湖南村 *
江苏省淮安市金湖县吕良镇孙集村
江苏省无锡市新吴区鸿山街道大坊桥村
江苏省连云港市连云区高公岛街道黄窝村 *
江苏省宿迁市沭阳县新河镇双荡村
浙江省杭州市西湖区转塘街道上城埭村 *
浙江省湖州市德清县莫干山镇仙潭村 *
浙江省舟山市普陀区东极镇东极村 *
浙江省温州市泰顺县柳峰乡墩头村
浙江省金华市兰溪市诸葛镇诸葛村 *
浙江省台州市温岭市石塘镇海利村 *
浙江省衢州市江山市峡口镇枫石村
浙江省嘉兴市平湖市林埭镇徐家埭村
浙江省丽水市缙云县壶镇镇岩下村 *
浙江省绍兴市柯桥区湖塘街道香林村 *
安徽省合肥市庐江县罗河镇鲍店村 *
安徽省黄山市休宁县板桥乡梓坞村 *
安徽省安庆市岳西县冶溪镇琥珀村
安徽省宿州市泗县大庄镇曙光村 *
安徽省滁州市南谯区施集镇井楠村 *
安徽省六安市舒城县春秋乡文冲村
安徽省阜阳市太和县双浮镇刘老桥村
安徽省马鞍山市博望区丹阳镇百峰村
安徽省淮南市八公山区山王镇林场村 *
安徽省芜湖市繁昌区孙村镇中分村 *
安徽省铜陵市义安区钟鸣镇水村村
福建省三明市沙县区夏茂镇俞邦村
福建省龙岩市长汀县南山镇中复村
福建省漳州市华安县仙都镇大地村 *
福建省福州市永泰县嵩口镇大喜村
福建省南平市武夷山市五夫镇兴贤村
福建省莆田市涵江区白塘镇双福村
福建省泉州市晋江市英林镇湖尾村 *

福建省宁德市屏南县代溪镇北墘村
江西省九江市庐山西海风景名胜区柘林镇易家河村*
江西省萍乡市芦溪县银河镇紫溪村*
江西省吉安市新干县桃溪乡板埠村
江西省宜春市铜鼓县高桥乡梁塅村
江西省抚州市南丰县洽湾镇洽湾村*
江西省赣州市章贡区沙河镇流坑村
江西省宜春市铜鼓县棋坪镇游源村
江西省上饶市广信区五府山镇船坑畲族村*
江西省南昌市新建区象山镇河林村
江西省鹰潭市余江区平定乡蓝田村
山东省泰安市岱岳区道朗镇里峪村
山东省菏泽市单县浮岗镇小王庄村
山东省潍坊市高密市阚家镇松兴屯村
山东省济宁市兖州区新兖镇牛楼村
山东省淄博市博山区池上镇中郝峪村*
山东省威海市文登区米山镇西铺头村
山东省东营市利津县盐窝镇南岭村*
山东省烟台市栖霞市桃村镇国路夼村
山东省枣庄市薛城区沙沟镇张庄村
山东省济南市章丘区文祖街道石子口村
河南省洛阳市栾川县秋扒乡小河村*
河南省开封市尉氏县张市镇榆林郭村
河南省平顶山市宝丰县商酒务镇杨沟村*
河南省南阳市淅川县九重镇邹庄村*
河南省新乡市辉县市张村乡裴寨村*
河南省鹤壁市鹤山区姬家山乡西顶村
河南省周口市西华县黄桥乡裴庄村*
河南省驻马店市平舆县西洋店镇西洋潭村*
河南省焦作市沁阳市紫陵镇坞头村
河南省信阳市新县吴陈河镇章墩村*
湖北省武汉市江夏区湖泗街道海洋村
湖北省武汉市黄陂区木兰乡雨霖村*
湖北省十堰市茅箭区茅塔乡东沟村
湖北省宜昌市五峰土家族自治县采花乡栗子坪村*

湖北省襄阳市南漳县东巩镇陆坪村*
湖北省荆州市荆州区八岭山镇铜岭村
湖北省荆州市洪湖市乌林镇乌林村*
湖北省孝感市汉川市沉湖镇赵湾村
湖北省黄冈市红安县七里坪镇八一村
湖北省咸宁市嘉鱼县陆溪镇印山村
湖南省株洲市醴陵市枫林镇隆兴坳村
湖南省邵阳市隆回县岩口镇向家村
湖南省长沙市宁乡市大成桥镇永盛村
湖南省益阳高新区谢林港镇清溪村*
湖南省岳阳市华容县禹山镇南竹村
湖南省娄底市新化县奉家镇下团村*
湖南省常德市临澧县修梅镇高桥村
湖南省长沙市浏阳市古港镇梅田湖村
湖南省湘潭市湘潭县乌石镇乌石峰村*
湖南省郴州市苏仙区栖凤渡镇瓦灶村
湖南省永州市宁远县湾井镇下灌村
湖南省衡阳市石鼓区角山镇旭东村
广东省深圳市深汕特别合作区赤石镇大安村
广东省阳江市江城区埠场镇那蓬村
广东省湛江市雷州市龙门镇足荣村
广东省惠州市龙门县蓝田瑶族乡上东村
广东省清远市英德市连江口镇连樟村
广东省梅州市梅县区丙村镇红光村
广东省汕尾市城区捷胜镇军船头村
广东省东莞市茶山镇南社村
广东省中山市南朗街道崖口村
广东省潮州市湘桥区桥东街道社光村*
广西壮族自治区南宁市上林县大丰镇东春村*
广西壮族自治区柳州市城中区静兰街道环江村*
广西壮族自治区桂林市龙胜各族自治县龙脊镇金江村*
广西壮族自治区防城港市港口区企沙镇牛路村
广西壮族自治区贵港市港南区新塘镇山边村
广西壮族自治区贺州市钟山县清塘镇英家村
广西壮族自治区河池市巴马瑶族自治县那桃乡平林村*

广西壮族自治区来宾市金秀瑶族自治县金秀镇六段村
广西壮族自治区崇左市江州区新和镇卜花村
广西壮族自治区梧州市长洲区倒水镇富万村＊
海南省三亚市吉阳区大茅村
海南省琼海市博鳌镇朝烈村
海南省五指山市水满乡毛纳村
海南省屯昌县新兴镇沙田村＊
海南省保亭黎族苗族自治县什玲镇水尾村
重庆市渝北区大盛镇天险洞村
重庆市大渡口区跳磴镇石盘村
重庆市彭水苗族土家族自治县善感乡周家寨村
重庆市黔江区阿蓬江镇大坪村
重庆市开州区满月镇甘泉村
重庆市大足区棠香街道和平村
重庆市忠县磨子乡竹山村
重庆市梁平区竹山镇猎神村＊
重庆市城口县厚坪乡龙盘村＊
重庆市潼南区太安镇蛇行村
重庆市万州区恒合土家族乡石坪村
重庆市北碚区静观镇素心村
四川省成都市金堂县淮口街道龚家村
四川省自贡市贡井区建设镇重滩村
四川省攀枝花市米易县攀莲镇贤家村＊
四川省遂宁市安居区常理镇海龙村
四川省乐山市夹江县新场镇团结村
四川省南充市西充县义兴镇有机村＊
四川省宜宾市翠屏区白花镇一曼村
四川省广安市华蓥市禄市镇凉水井村
四川省达州市万源市固军镇三清庙村
四川省巴中市恩阳区下八庙镇万寿村
四川省雅安市石棉县安顺场镇安顺村
四川省阿坝州汶川县三江镇乐活村＊
贵州省贵阳市开阳县禾丰乡马头村＊
贵州省遵义市赤水市大同镇民族村＊
贵州省遵义市余庆县松烟镇二龙村

贵州省六盘水市六枝特区郎岱镇花脚村
贵州省安顺市西秀区大西桥镇鲍家屯村
贵州省毕节市黔西市大关镇丘林村*
贵州省铜仁市碧江区坝黄镇木弄村*
贵州省黔南布依族苗族自治州荔波县瑶山瑶族乡瑶山村*
贵州省黔东南苗族侗族自治州从江县高增乡占里村
贵州省黔西南布依族苗族自治州兴义市则戎镇半边街村
云南省昆明市石林县石林街道和摩站村*
云南省大理州宾川县拉乌乡箐门口村
云南省临沧市凤庆县勐佑镇勐佑村
云南省德宏傣族景颇族自治州梁河县河西乡芒陇村*
云南省曲靖市会泽县大桥乡杨梅山村*
云南省楚雄彝族自治州禄丰市一平浪镇大窝村*
云南省玉溪市新平县戛洒镇新寨村
云南省红河哈尼族彝族自治州个旧市鸡街镇毕业红村*
西藏自治区林芝市工布江达县错高乡错高村
西藏自治区拉萨市达孜区德庆镇白纳村*
西藏自治区那曲市巴青县雅安镇约雄村*
陕西省安康市平利县老县镇蒋家坪村
陕西省商洛市镇安县青铜关镇丰收村
陕西省咸阳市淳化县十里塬镇庄子村
陕西省榆林市吴堡县张家山镇辛庄村*
陕西省宝鸡市眉县汤峪镇汤峪村*
陕西省延安市宝塔区河庄坪镇赵家岸村
陕西省西安市鄠邑区玉蝉街道胡家庄村
陕西省汉中市城固县原公镇青龙寺村
甘肃省兰州市皋兰县什川镇上车村*
甘肃省临夏回族自治州康乐县八松乡纳沟村*
甘肃省甘南藏族自治州碌曲县尕海镇尕秀村
甘肃省陇南市两当县杨店镇灵官店村
甘肃省临夏回族自治州东乡族自治县高山乡布楞沟村
甘肃省酒泉市瓜州县三道沟镇三道沟村
青海省海东市民和回族土族自治县官亭镇喇家村
青海省海南藏族自治州贵德县河西镇团结村
青海省海北藏族自治州祁连县八宝镇白杨沟村

青海省海东市平安区古城回族乡石碑村*
青海省黄南藏族自治州尖扎县尖扎滩乡来玉村*
宁夏回族自治区固原市隆德县凤岭乡李士村
宁夏回族自治区吴忠市青铜峡市叶盛镇蒋滩村
宁夏回族自治区中卫市中宁县余丁乡黄羊村
宁夏回族自治区吴忠市利通区古城镇新华桥村*
宁夏回族自治区银川市灵武市郝家桥镇胡家堡村
新疆维吾尔自治区喀什地区疏附县塔什米里克乡喀什贝希村
新疆维吾尔自治区阿克苏地区阿克苏市依干其镇依干其村
新疆维吾尔自治区阿勒泰地区富蕴县可可托海镇塔拉特村
新疆维吾尔自治区昌吉回族自治州昌吉市六工镇十三户村
新疆维吾尔自治区吐鲁番市托克逊县夏镇南湖村*
新疆维吾尔自治区伊犁哈萨克自治州特克斯县乔拉克铁热克镇阿克铁热克村
新疆生产建设兵团第三师51团6连
新疆生产建设兵团第五师81团4连

附录 D 2022 年中国农民丰收节 100 个节庆活动名单

1. 北京市密云区鱼王文化节
2. 北京市怀柔区敛巧饭民俗风情节
3. 天津市蓟州区西井峪庆丰宴
4. 天津市津门巧厨嫂厨艺秀
5. 河北省海兴县"河北粮心"农民庆丰收活动
6. 河北省围场满族蒙古族自治县农民庆丰收活动
7. 山西省稷山县后稷论坛
8. 山西省大同市黄花丰收活动月
9. 山西省运城市小麦文化节
10. 山西省盂县"奋进孙家庄 美丽王炭咀"文化旅游节
11. 内蒙古自治区敖汉旗兴隆沟农民庆丰收活动
12. 内蒙古自治区喀喇沁旗番茄节
13. 内蒙古自治区乌海市"北方海南·黄河风"农民庆丰收活动
14. 辽宁省大连市大樱桃采摘直播季
15. 辽宁省东港市草莓文化节
16. 辽宁省营口市海蜇节
17. 辽宁省凌源市百合节
18. 吉林省洮南市农民庆丰收活动
19. 吉林省龙井市朝鲜族百种节
20. 吉林省大安市牛心套保国家湿地公园品蟹文化节
21. 黑龙江省宁安市"我在龙江有亩田"庆丰收活动
22. 黑龙江省桦川县稻香节活动
23. 黑龙江省五常市"共庆丰收"农事竞技赛
24. 黑龙江省勃利县"一村一品"特色农产品展销会
25. 上海市崇明区横沙岛"多彩水稻季"庆丰收活动
26. 上海市宝山湖大闸蟹品鲜节
27. 上海市崇明区"橘黄蟹肥"文化旅游节
28. 江苏省南京市农业嘉年华
29. 江苏省江阴市华西村农民庆丰收活动
30. 江苏省淮安市洪泽湖国际大闸蟹节
31. 江苏省泗洪县稻米文化节
32. 浙江省杭州市富阳区渔山稻香文化节

33. 浙江省东阳市"共享田园 共享丰收"活动
34. 浙江省桐乡市菊花节
35. 浙江省开化县钱江源红高粱文化节
36. 安徽省南陵县"村长有约·到霭里庆丰收"
37. 安徽省五河县螃蟹节
38. 安徽省合肥市全民健身运动会农耕健身大赛
39. 福建省尤溪县桂峰村晒秋节
40. 福建省漳平市两岸农民庆丰收活动
41. 福建省永春县茶王赛
42. 福建省永安市青水畲族乡农民庆丰收活动
43. 江西省广昌县莲花旅游文化节
44. 江西省都昌县农民庆丰收活动
45. 江西省万年县农民庆丰收活动
46. 山东省青岛市西海岸新区农民庆丰收活动
47. 山东省齐河县农民庆丰收活动
48. 山东省枣庄市台儿庄区甜桃大会
49. 山东省兰陵县农民庆丰收活动
50. 河南省嵩县陆浑开渔节
51. 河南省伊川县"舌尖品丰收 乡村巧厨大赛"活动
52. 河南省郏县特色农产品展销活动
53. 湖北省汉川市河蟹丰收节暨"吃在汉川"美食推介会
54. 湖北省襄阳市襄州区农民庆丰收活动
55. 湖北省荆门市京山桥米春耕节
56. 湖南省嘉禾县农民庆丰收活动
57. 湖南省湘西土家族苗族自治州土家族晒龙谷
58. 湖南省株洲市白关丝瓜节
59. 广东省广州市花都区赤坭镇农民庆丰收活动
60. 广东省连南瑶族自治县稻田鱼文化节
61. 广东省郁南县无核黄皮文化节
62. 广东省乳源瑶族自治县"大桥石鲤"禾花鱼美食文化旅游节
63. 广西壮族自治区防城港市北部湾开海节
64. 广西壮族自治区钦州市蚝情节
65. 广西壮族自治区平南县富硒石硖龙眼节
66. 海南省海口市火山荔枝节
67. 重庆市大足区隆平五彩田园农民庆丰收活动
68. 重庆市开州区竹溪乡村振兴市级示范镇开园活动

69. 重庆市北碚区"丰收宴——乡村美食品鉴"活动
70. 四川省雅安市汉源贡椒采摘节
71. 四川省安岳县世界柠檬产业发展大会柠檬文化活动周
72. 四川省成都市新津区安西鱼头火锅节
73. 四川省成都市双流区黄甲麻羊美食文化活动
74. 贵州省贵定县山歌对唱大赛
75. 贵州省修文县猕猴桃丰收季
76. 贵州省习水县黔北麻羊节
77. 贵州省仁怀市红缨子高粱节
78. 云南省沧源佤族自治县新米节
79. 云南省元江哈尼族彝族傣族自治县"梯田人家——喋奢扎"文化旅游活动
80. 云南省玉溪市江川区开渔节
81. 云南省大理市石湾桥镇洱海云粮丰收节
82. 陕西省安康市生态富硒渔业丰收节
83. 陕西省宝鸡市"西府味道"乡村美食活动
84. 陕西省种粮能手竞赛活动
85. 甘肃省成县核桃节
86. 甘肃省临泽县沙河镇农民庆丰收活动
87. 青海省同仁市农牧民丰收节
88. 宁夏回族自治区海原县高端肉牛大赛
89. 宁夏回族自治区盐池县"滩羊选美及滩羊交易比武"活动
90. 宁夏回族自治区银川市农业嘉年华
91. 宁夏回族自治区吴忠市早茶美食文化节
92. 新疆维吾尔自治区吐鲁番市中国丝绸之路吐鲁番葡萄节
93. 新疆维吾尔自治区若羌县"楼兰文化·红枣节"
94. 新疆维吾尔自治区哈密市"甜蜜之旅"哈密瓜节
95. 新疆维吾尔自治区英吉沙县喀什赛杏会
96. 新疆维吾尔自治区博湖县捕鱼节
97. 新疆生产建设兵团第一师苹果文化旅游节
98. 新疆生产建设兵团第八师炮台红甜瓜节
99. 新疆生产建设兵团第八师"下野地"西瓜节
100. 新疆生产建设兵团第五师庆丰收活动

附录 E　高素质农民乡村休闲旅游人才培养调查问卷

为了进一步提高北京农业职业学院高素质农民学历提升工程的培养质量，助力乡村休闲旅游产业发展，请对本问卷进行作答。调查问卷仅用于研究分析，不会给作答者带来不良影响。

一、性别　　男＿＿＿＿＿；女＿＿＿＿＿

二、年龄（　　）

A. 20～30 岁　　　　B. 30～40 岁　　　　C. 40～50 岁　　　　D. 50 岁以上

三、上高职之前的职业状况

单位名称：＿＿＿＿＿；单位性质：＿＿＿＿＿

职务/岗位：＿＿＿＿＿；薪酬约：＿＿＿＿＿元/月

四、当前职业状况

单位名称：＿＿＿＿＿；单位性质：＿＿＿＿＿

职务/岗位：＿＿＿＿＿；薪酬约：＿＿＿＿＿元/月

五、上高职期间获得的奖励、技能证书（校内校外）：

六、你认为高职学习期间开设的课程对你是否有帮助？（单选）（　　）

A. 有很大帮助　　B. 有较大帮助　　C. 帮助较少　　D. 没什么帮助

七、写出 1～3 门帮助很大的课程：

1. ＿＿＿＿＿＿＿＿＿＿＿＿＿＿＿＿＿＿＿＿＿＿＿＿＿＿＿＿＿＿＿＿；
2. ＿＿＿＿＿＿＿＿＿＿＿＿＿＿＿＿＿＿＿＿＿＿＿＿＿＿＿＿＿＿＿＿；
3. ＿＿＿＿＿＿＿＿＿＿＿＿＿＿＿＿＿＿＿＿＿＿＿＿＿＿＿＿＿＿＿＿。

八、你认为学院对教学管理的程度如何？（　　）

A. 很负责　　　　B. 较高　　　　C. 一般　　　　D. 较低

九、你认为毕业实习、毕业论文的过程管理、考核形式如何？（　　）

A. 非常好　　　　B. 比较能接受　　　C. 一般　　　　D. 不能接受

十、你认为学院在人才培养方面，做得比较出色的是：＿＿＿＿＿＿＿

需要改进的是：＿＿＿＿＿＿＿＿＿＿＿＿＿＿＿＿＿＿＿＿＿＿＿＿＿

＿＿＿＿＿＿＿＿＿＿＿＿＿＿＿＿＿＿＿＿＿＿＿＿＿＿＿＿＿＿＿＿

其他：＿＿＿＿＿＿＿＿＿＿＿＿＿＿＿＿＿＿＿＿＿＿＿＿＿＿＿＿＿

参考文献

[1] 习近平. 高举中国特色社会主义伟大旗帜　为全面建设社会主义现代化国家而团结奋斗：在中国共产党第二十次全国代表大会上的报告［M］. 北京：人民出版社，2022.

[2] 刁志波. 黑龙江乡村旅游发展与创新研究［M］. 北京：旅游教育出版社，2014.

[3] 农业农村部乡村产业发展司. 乡村休闲旅游业［M］. 北京：中国农业出版社，2022.

[4] 王金伟，吴志才. 乡村旅游绿皮书：中国乡村旅游发展报告（2022）［M］. 北京：社会科学文献出版社，2022.

[5] 贾新平，梅雪莹，贾俊丽，等. 中国休闲农业和乡村旅游标准体系研究［J］. 农学学报，2022，12（8）：92.

[6] 高强，鞠可心. 要素匹配、资本选择与乡村旅游合作社发展：基于外来资本与村社资源的博弈视角［J］. 中国农村观察，2022（4）：59.

[7] 2022年中国美丽休闲乡村名单公布，你的家乡上榜了吗？［N］. 光明日报，2022-11-15.

[8] 王德刚，孙平. 农民股份制新型集体经济模式研究：基于乡村旅游典型案例的剖析［J］. 山东大学学报（哲学社会科学版），2021（1）：146.

[9] 李倩兰，单再成. 休闲型家庭农场开发与经营管理［M］. 北京：中国农业出版社，2019.

[10] 马健. 产业融合理论研究评述［J］. 经济学动态，2002（5）：78-81.

[11] 刘敏楼，姚畅，叶蓉，等. 乡村振兴战略背景下农村一二三产业融合：理论框架与发展对策［J］. 河北农业大学学报（社会科学版），2022（4）：78-79.

[12] 杨守森. 中国乡村美学研究导论［J］. 文史哲，2022（1）：131-133.

[13] 陈钰聪. 消费者参与下社区支持农业的发展机制研究［D］. 南昌：南昌大学，2022.

[14] 黄柏青，李勇军. 都市创意农业创新驱动发展模式研究：以北京市为例［J］. 财经理论与实践（双月刊），2020（2）：121-123.

[15] B. 约瑟夫·派恩，詹姆斯·H. 吉尔摩. 体验经济［M］. 夏业良，鲁炜，译. 北京：机械工业出版社，2002.

[16] 李鑫，唐春根. 休闲农业体验活动设计与组织［M］. 北京：中国农业出版社，2019.

[17] 聂薇. 体验经济视角下乡村花海旅游发展研究：以贵安新区万亩樱花园花为例［D］. 昆明：云南师范大学，2022.

[18] 王昭. 体验经济视域下数字沉浸文旅的创新性发展［J］. 江西社会科学，2022（8）：192.

[19] 伍鹏. 休闲活动策划与管理［M］. 北京：清华大学出版社，2013.

[20] 耿红莉，何艳琳. 欧洲市民农园发展、运行机制及经验借鉴［J］. 世界农业，2017（4）：172-173.

[21] 周海苏. 基于游客满意度调查的北京郊区市民农园发展研究［D］. 北京：北京农学院，2015.

[22] 王晨露，孙盼娜，王恒. "互联网＋"背景下企业市场营销创新研究［J］. 中小企业管理与科

技，2022（12）：121-123.

[23] 昝望. 新媒体时代下直播营销策略探究［J］. 老字号品牌营销，2022（24）：27-28.

[24] 康博仁. 文化助农：基于4I理论的"东方甄选"直播带货营销路径创新［J］. 新媒体研究，2022（21）：59-61.

[25] 周健. 农产品微信营销问题及对策分析［J］. 农村经济与科技，2023（3）：230-232.

[26] 高萍. 休闲农业营销［M］. 北京：中国农业出版社，2019.

[27] 崔海云，施建军. 服务创新、顾客体验价值与休闲农业企业绩效［J］. 南京社会科学，2013（11）：37.

[28] 韦隆玲，徐阳，杨宏波. 增强现实（AR）技术在市场营销中的应用［J］. 老字号品牌营销，2022（21）：33-34.

[29] 耿红莉. 休闲农业与乡村旅游人才培养模式创新实践［J］. 安徽农业科学，2020，48（24）：257-259.

[30] 苏士利. 创新休闲农业人才培养模式，赋能农村一二三产融合发展［Z］.